cm 21 cm 22 cm 23 cm 24 cm 25 cm 26 cm 27 cm 28 cm 29 cm 30 cm 31 cm 32 cm 33 cm 34 cm 35 cm 36 cm 37 cm 38 cm 39 cm

Für Lasse, Ida und Enno.

&

Vielen Dank, Alina!

T.H.H.

Tim-Henning Humberg

INSEKTEN

Kleine Lebewesen, große Vielfalt

Illustriert von Johann Brandstetter

Inhaltsverzeichnis

WAS IST EIN INSEKT?

Wenn du aufzählen müsstest, welche **„Arten"** von Lebewesen du kennst, würdest du sicher sehr viele **Säugetiere**, **Vögel**, **Fische** und **Pflanzen** aufzählen können. Die meisten Menschen würden aber wahrscheinlich nur wenige Insektenarten nennen. Wir Menschen übersehen die **Insekten** leider sehr leicht, wenn uns nicht gerade ein wunderschöner Schmetterling direkt vor der Nase herumflattert. Das ist eigentlich erstaunlich, denn Insekten sind die **artenreichste Gruppe** von Lebewesen auf unserem Planeten. Sie sind an den außergewöhnlichsten Orten zu finden, selbst da, wo man nicht mit ihnen rechnet, zum Beispiel in der Antarktis. Sie vollbringen ganz erstaunliche Leistungen und haben faszinierende Verhaltensweisen. Aber was ist eigentlich eine „Art"? Das und vieles mehr erfährst du in diesem Kapitel.

Planet der Insekten

In eine sogenannte **„Art"** werden alle Lebewesen zusammengefasst, die sich, vereinfacht gesagt, untereinander fortpflanzen und durch **Nachkommen** vermehren können. So gehört jede Person, die gerade dieses Buch liest, und natürlich auch alle anderen Menschen, zur Art *Homo sapiens*. Bis zum Jahr 2009 wurden bereits 1 899 587 verschiedene Arten von **Lebewesen** entdeckt und beschrieben. Das sind fast zwei Millionen! Diese auf der Erde lebenden Arten umfassten 2009 unter anderem:

310 129 Pflanzenarten
98 998 Pilzarten
31 153 Fischarten
9 990 Vogelarten
8 734 Reptilienarten
5 487 Säugetierarten

und eine Million Arten, die zur sogenannten **„Klasse"** der Insekten gehören.

Mehr als die Hälfte aller beschriebenen Arten sind also Insekten und in der Summe sind Insekten artenreicher als alle anderen Gruppen von Lebewesen zusammengenommen.

Um den unglaublichen Artenreichtum der Insekten zu verdeutlichen, findest du auf der nächsten Seite ein Diagramm, wo du sehen kannst, wie viel Anteil die jeweiligen Arten auf unserer Erde einnehmen. Von der artenreichsten Gruppe, den Insekten, über Pflanzen, Pilze, Vögel, Reptilien und Fische bis zur kleinsten der hier gezeigten Gruppen, den Säugetieren. Auf unserer Erde sind die Insekten somit die größten, zumindest was den Artenreichtum angeht, und in Wirklichkeit leben wir auf dem Planeten der Insekten!

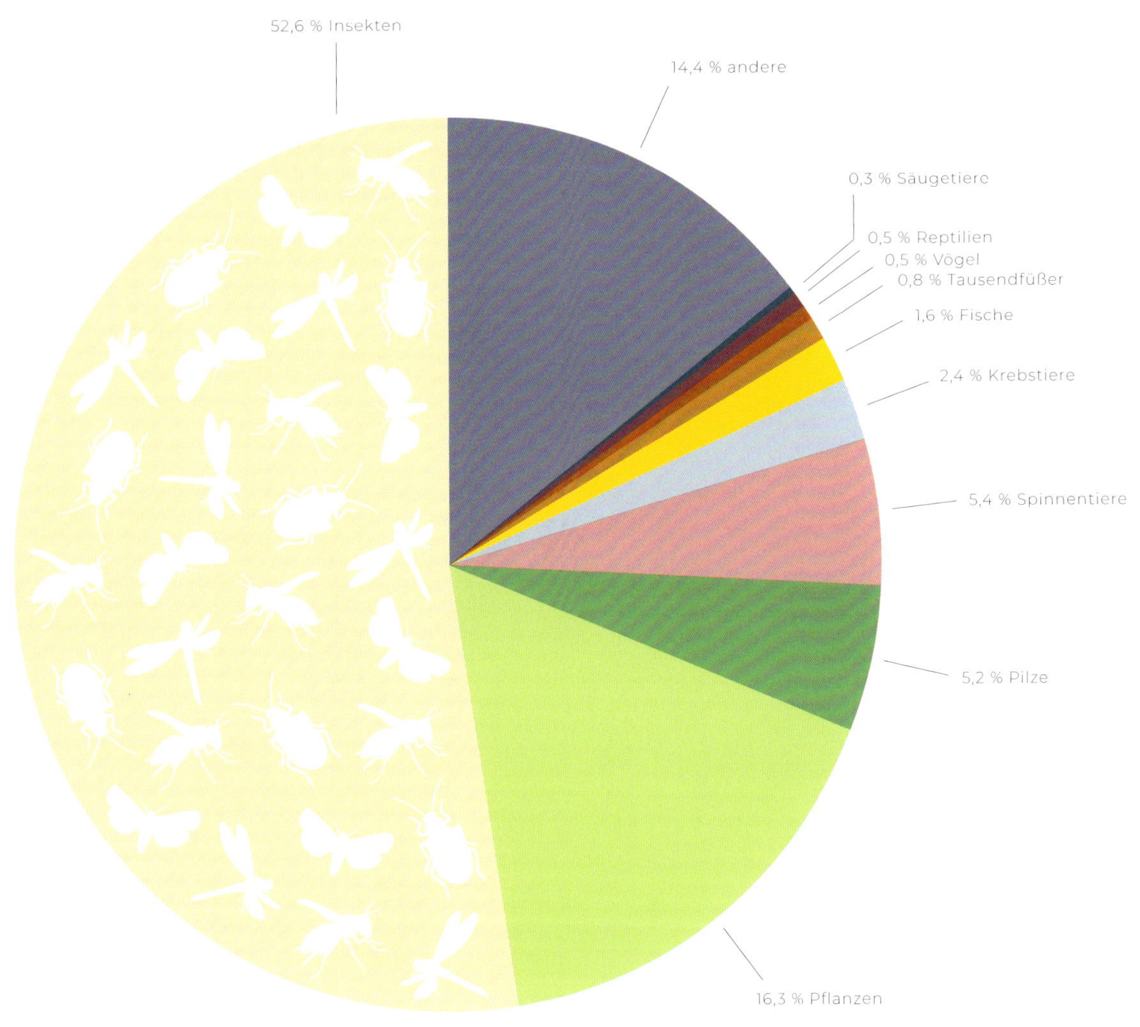

Bis zum Jahr 2009 wurden 1 899 587 noch heute auf der Erde lebende Arten beschrieben. Das sind 100 % in diesem Diagramm – der ganze Kuchen. Hier siehst du, wie viele Anteile in Prozent die jeweiligen Arten ausmachen.

Hättest du gedacht, dass mehr als die Hälfte aller bisher entdeckten Arten, die auch heute noch auf unserer Erde leben, Insektenarten sind?

Aufgepasst!

Übrigens, die meisten Arten sind wohl noch unentdeckt. Wir haben zwar bis zum Jahr 2009 bereits 1 899 587 Arten beschrieben, aber es wird geschätzt, dass es tatsächlich über elf Millionen verschiedene Arten von Lebewesen auf unserer Welt gibt. **Also haben wir gerade mal weniger als 20 Prozent aller Arten entdeckt.**

Was ist (k)ein Insekt?

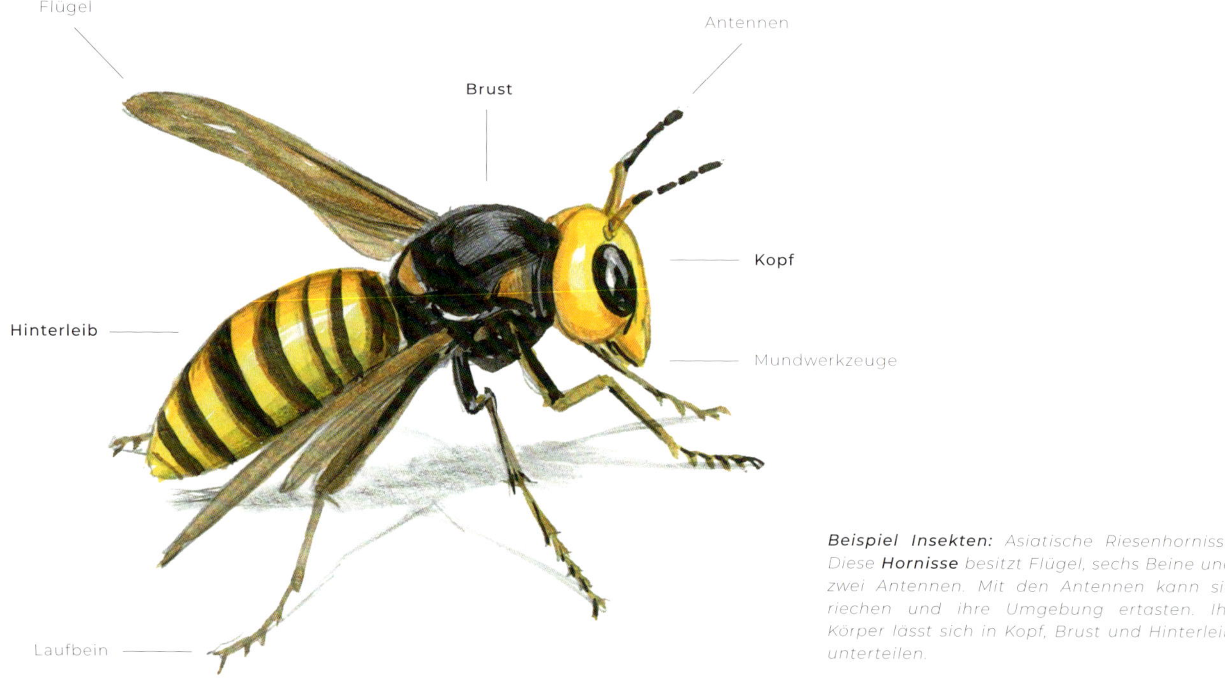

Beispiel Insekten: *Asiatische Riesenhornisse Diese* ***Hornisse*** *besitzt Flügel, sechs Beine und zwei Antennen. Mit den Antennen kann sie riechen und ihre Umgebung ertasten. Ihr Körper lässt sich in Kopf, Brust und Hinterleib unterteilen.*

Puh ... über elf Millionen verschiedene Arten von Lebewesen auf der Welt! Wie sollen wir da den Überblick behalten? Manche Biologen und Biologinnen haben es sich deshalb zur Aufgabe gemacht, Tiere und Pflanzen zu bestimmen, zu benennen und systematisch einzuteilen, um die enorme Vielfalt des Lebens zu ordnen. Unter **Bestimmung** versteht man die Zuordnung eines Lebewesens zu einer bestimmten **„Gruppe"** von Lebewesen. Diese Gruppe kann sehr groß sein oder recht klein und nur die Lebewesen der gleichen Art zusammenfassen. Alle Tiere werden in einem sogenannten **„Reich"** zusammengefasst und alle Pflanzen werden in einem anderen Reich gruppiert.
Das Tierreich, zu dem auch die Insekten gehören, wird wiederum in mehrere **„Stämme"** unterteilt.

Insekten gehören zu dem Stamm der **Gliederfüßer**. Neben den Insekten gehören unter anderem auch ihre Verwandten die **Krebstiere, Spinnentiere** und **Tausendfüßer** zu den **Gliederfüßern**. Alle Lebewesen, die zu diesem Stamm gezählt werden, haben Gemeinsamkeiten: Sie alle haben zum Beispiel keine Knochen wie wir, aber dafür ein Außenskelett. Das Außenskelett schützt sie wie eine Ritterrüstung. Alle Gliederfüßer schlüpfen aus Eiern und ihre Beine bestehen aus mehreren Gliedern.

Aber auch innerhalb der Gliederfüßer gibt es Gruppen von Lebewesen, die sich von anderen Gliederfüßern unterscheiden, wie die Insekten.

Im Gegensatz zu den anderen Gliederfüßern haben viele Insekten **Flügel**, **sechs Beine** und zwei **Antennen**. Insekten bestehen aus drei Abschnitten: dem Kopf, der Brust und dem Hinterleib.

Wusstest du?

Übrigens, Regenwürmer und Schnecken sind keine Insekten und keine Gliederfüßer. Regenwürmer werden zum Stamm der Ringelwürmer gezählt. Schnecken gehören zum Stamm der Weichtiere. Schnecken sind tatsächlich näher mit Muscheln als mit Insekten verwandt.

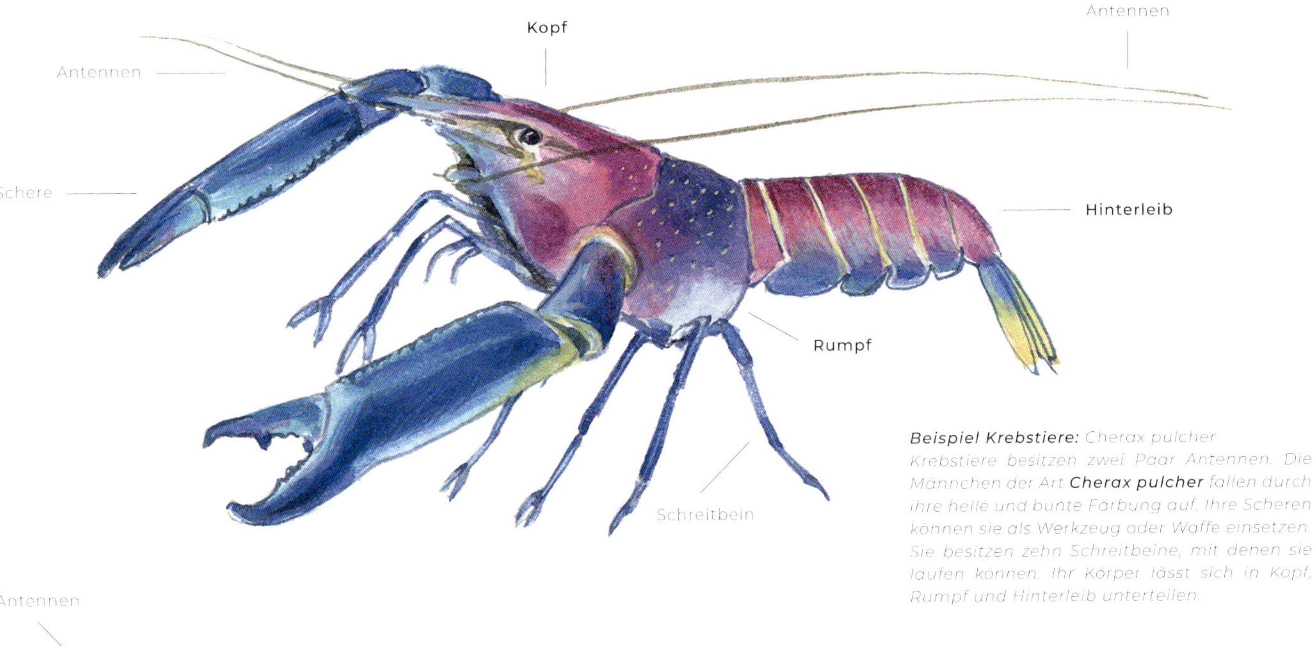

Beispiel Krebstiere: *Cherax pulcher*
Krebstiere besitzen zwei Paar Antennen. Die Männchen der Art ***Cherax pulcher*** *fallen durch ihre helle und bunte Färbung auf. Ihre Scheren können sie als Werkzeug oder Waffe einsetzen. Sie besitzen zehn Schreitbeine, mit denen sie laufen können. Ihr Körper lässt sich in Kopf, Rumpf und Hinterleib unterteilen.*

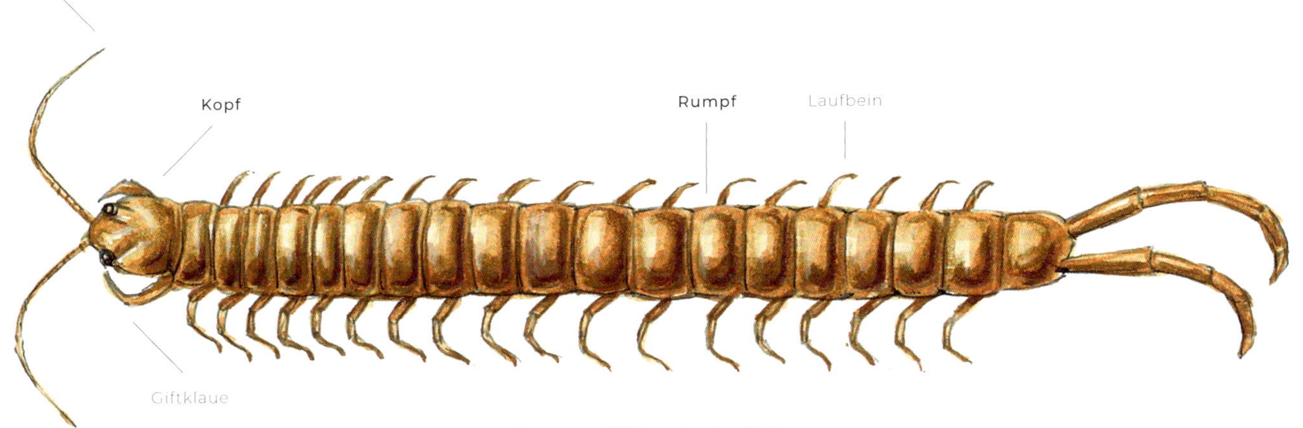

Beispiel Tausendfüßer: *Hundertfüßer*
Die Tausendfüßer haben die meisten Beine. Aber nur die australische Art Eumillipes persephone besitzt 1306 Beine. Diese Art wurde erst im Jahr 2020 in Australien entdeckt. Alle anderen bekannten Tausendfüßer haben weniger als 1000 Beine. Die hier gezeigte Art zeigt einen Vertreter der ***Hundertfüßer****. Sein Körper lässt sich in zwei Abschnitte einteilen: den Kopf und den Rumpf. Seine Giftklauen nutzt er zur Jagd.*

Achtung: Spinnen gehören nicht zu den Insekten, obwohl sie miteinander verwandt sind.

Beispiel Spinnentiere: *Maratus volans*
Spinnentiere haben zwei Beine mehr als Insekten und ihr Körper wird nur in zwei Abschnitte unterteilt: Vorderleib und Hinterleib.
Die in Australien lebende Spinne ***Maratus volans*** *gehört zu den Pfauenspinnen.*
Ähnlich wie bei einem Pfau stellen die Männchen dieser Spinne ihren bunten Hinterleib als Scheibe auf und versuchen durch einen Balztanz, die Aufmerksamkeit der Weibchen zu erlangen.
Mit den Kiefertastern kann das Männchen seine Spermien in das Weibchen übertragen.

Insekten – eine Klasse für sich

In einem **Stammbaum** bilden alle Insekten zusammen eine sogenannte **„Klasse"**. In dieser „Klasse" gibt es wiederum drei „Unterklassen":

- Fluginsekten
- Felsenspringer
- Fischchen

*Die **Libelle** der Art **Erythemis simplicicollis** ist deutlich kleiner als ihre Vorfahren.*

Die allermeisten Insekten sind **Fluginsekten**. Zu den Fluginsekten werden alle Insekten gezählt, die Flügel besitzen. Aber auch flügellose und dadurch flugunfähige Insekten, deren Vorfahren jedoch Flügel besaßen, gehören dazu. Ein Beispiel dafür sind Flöhe. Und auch die **Larven** der Fluginsekten können nicht fliegen.

Die Unterklasse „Fluginsekten" lässt sich in drei Überordnungen unterteilen:

- Eintagsfliegen
- Libellen
- Neuflügler

Eintagsfliegen und Libellen werden als **Altflügler** bezeichnet. Im Gegensatz zu den **Neuflüglern** können die Altflügler ihre Flügel nicht nach hinten klappen und an ihren Körper anlegen. So können sie nicht wie Neuflügler durch schmale Öffnungen kriechen und dort Schutz oder Nahrung finden.

Wusstest du?

Die allergrößten Insekten sind aber bereits ausgestorben. Vor rund 300 Millionen Jahren lebten zum Beispiel Riesenlibellen. Manche Arten dieser Gruppe besaßen Flügelspannweiten von 70 Zentimetern und lebten wohl wie ihre Nachfahren, die Libellen, in offenen Landschaften an Gewässern. Übrigens, die Flugsaurier erhoben sich erst rund 70 Millionen Jahre nach den Riesenlibellen in die Lüfte.

Grillenschaben *sind sehr kälteresistent. Sie können nachts auf Schnee- und Eisdecken, zum Beispiel in den Rocky Mountains in Nordamerika, entdeckt werden. Die hier gezeigte Art hat den wissenschaftlichen Namen* ***Grylloblatta chintimini****.*

Aufgepasst!

Erst im Jahr 2002 wurde die Ordnung der Gladiatoren beschrieben. Die wenigen Arten der Gladiatoren, die bisher entdeckt wurden, leben alle im Süden Afrikas. Jedoch sind sich die Fachleute bis heute über die Zuordnung uneinig. Für manche von ihnen existiert die Ordnung Gladiatoren nicht und sie schreiben die neu entdeckten Arten der Ordnung der Grillenschaben zu.

Gladiatoren *werden auch Fersenläufer genannt, da es den Anschein hat, als würden sie auf ihren „Fersen" laufen. Die Art hier hat den wissenschaftlichen Namen* ***Tyrannophasma gladiator****.*

Insekten – klein, aber oho

***Phryganistria chinensis**: Gut getarnt als Zweig, wurde diese **Gespenstschreckenart** erst im Jahr 2017 entdeckt.*

Wie du schon im Diagramm auf Seite 11 gesehen hast, gibt es sehr viele verschiedene Insektenarten. Die Insektenarten haben die verschiedensten Formen, Farben, Größen und **besondere Eigenschaften**, durch die sie sich perfekt an ihre unterschiedlichen Lebensweisen angepasst haben.

So legen die Weibchen der **Zwergwespenart** *Dicopomorpha echmepterygis* ihre Eier in die Eier von Staubläusen ab. In den Staublauseiern wachsen die Kinder der Zwergwespen heran und entwickeln sich zu erwachsenen Insekten. Die Männchen dieser Zwergwespenart werden nur 139 bis 240 Mikrometer lang oder, besser gesagt, kurz. Damit gelten sie als die **kleinsten** erwachsenen Insekten der Welt und sind nur etwa so lang wie ein dickes menschliches **Haar** breit ist.

Hingegen können manche **Gespenstschrecken** mit ausgestreckten Beinen länger sein als ein neugeborenes Menschenbaby. Die Art *Phryganistria chinensis* hält mit einer Körperlänge von 62 Zentimetern den Rekord für das **längste** Insekt der Welt. Zum Vergleich, das aufgeklappte Buch vor dir ist 43 Zentimeter breit. Also musst du dir für den Größenvergleich noch eine dritte Seite neben dem Buch vorstellen.

Das ist wirklich groß!

*Diese **Zwergwespenart** hat den wissenschaftlichen Namen **Dicopomorpha echmepterygis**. Die Anhänge am Kopf, die an Augen erinnern, sind die stark reduzierten Antennen. Neben der Zwergwespe ist ein **menschliches Haar** zu sehen.*

SINNE

Wir Menschen nehmen unsere Umwelt mit unseren Sinnesorganen, wie unseren Augen, Ohren oder unserer Nase, wahr. Auch Insekten besitzen **Sinnesorgane**, mit denen sie unter anderem riechen, schmecken oder tasten können. Sie können mit ihren Augen Dinge sehen, die für das menschliche Auge unsichtbar sind.

Sehen

Menschen können in der Regel verschiedene **Farben** sehen. Ganz grob kann man die Farben in Violett, Blau, Grün, Gelb, Orange und Rot unterteilen. Auch die meisten Insekten können Farben sehen. Viele davon können zwar kein Rot sehen, aber dafür Blau, Grün und sogar Ultraviolett erkennen.

Der **Kleine Kurier**, oder auch Kleiner Postbote genannt, ist ein Schmetterling, der in Mittel- und Südamerika lebt. Der Kleine Kurier besitzt, wie auch die meisten anderen Insekten, sogenannte **Komplexaugen** zum Sehen. Ein Komplexauge besteht aus sehr vielen Einzelaugen. Die Weibchen dieses Schmetterlings können nicht nur ultraviolettes Licht sehen, sondern auch zwischen **ultravioletten Farbtönen** unterscheiden. Das ist wirklich außergewöhnlich! Vermutlich hilft das ultraviolette Farbsehvermögen den Weibchen des Kleinen Kuriers dabei, die Teile der Blüten von bestimmten Pflanzen zu finden, die den leckeren **Pollen** enthalten. Es gibt tatsächlich viele Blüten, die für uns einfarbig aussehen, aber für manche Insekten zwei- oder mehrfarbig erscheinen. Da wir Menschen die ultraviolette Farbe mancher **Blütenteile** nicht sehen können, sieht für uns die komplette Blüte zum Beispiel gelb aus. Aber für Insekten, die ultraviolett sehen können, sind die pollenreichen Teile farbig vom Rest dieser Blüte abgehoben. So werden diese Insekten gleich auf die richtige Stelle aufmerksam gemacht und somit angelockt.

„Also eins weiß ich genau: Ich werde niemals ‚**Ich sehe was, was du nicht siehst!**‘ mit einem Kleinen Kurier spielen! Das ist unfair!“

Für uns ***Menschen*** *erscheinen die Blüten der Sumpfdotterblume einfarbig gelb. Im Gegensatz zu uns können Schmetterlinge wie der* ***Kleine Kurier*** *ultraviolettes Licht wahrnehmen. Für sie sehen die Blüten mehrfarbig aus. Im Kreis sind zwei Blüten der* ***Sumpfdotterblume*** *in Fehlfarben abgebildet, damit du dir vorstellen kannst, wie die Blüten für den Schmetterling aussehen könnten. Auf den Blütenblättern ist ein regelmäßiges Muster aus zwei Farben zu erkennen. Auch die Staubblätter in der Mitte der Blüte, die den Pollen erzeugen, grenzen sich farbig deutlicher von den Blütenblättern ab.*

Hören

Im Laufe der Evolution haben verschiedene Insekten unabhängig voneinander **Ohren** entwickelt. Und unterschiedliche Insekten hören mit den verschiedensten Körperteilen: Bei der Mittelmeer-Feldgrille zum Beispiel befinden sich die Ohren am Bein. Erstaunlicherweise funktionieren diese Gehörorgane sehr ähnlich wie unsere Ohren und besitzen sogar eine Art Trommelfell. Die **Wüstenheuschrecke** besitzt ihr Hörorgan an den Seiten des Hinterleibs. Florfliegen hingegen hören mit ihren Flügeln. Manche Gottesanbeterinnen besitzen nur ein einzelnes Ohr und dieses befindet sich auf ihrem Bauch zwischen den Mittel- und Hinterbeinen.

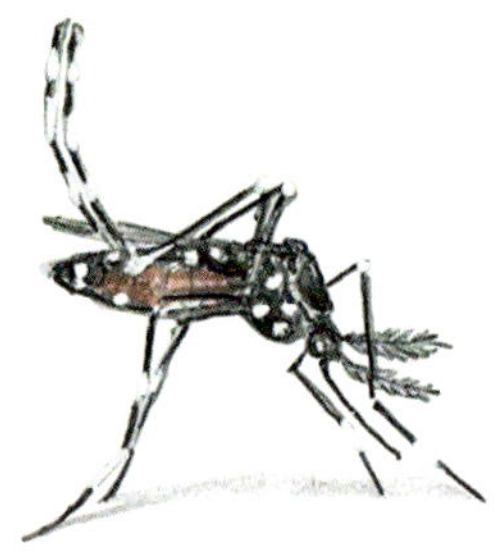

Gelbfiebermücken *hören mit ihren Antennen. Geräusche versetzen die feinen Härchen an ihren Antennen in Schwingung.*

Forschungen an bestimmten Stechmücken- und Taufliegenarten haben gezeigt, dass diese mit ihren **Antennen** hören können. **Gelbfiebermücken** hören mit ihren Antennen sogar erstaunlich gut. Die bis zu vier Millimeter großen Gelbfiebermücken leben nicht in Mitteleuropa, sondern in den Tropen und Subtropen – also zum Beispiel in Afrika. Die Weibchen stechen Menschen und trinken ihr Blut. Hierbei können sie Krankheiten wie das Gelbfieber übertragen. Das menschliche Blut ist eine Eiweißquelle, die benötigt wird, damit das Weibchen Eier produzieren kann. Ihre Antennen sind mit feinen Härchen bestückt, welche durch Geräusche in Schwingung versetzt werden. Dadurch können sie sogar am Klang des Fluges weibliche von männlichen Gelbfiebermücken unterscheiden.

In einem Experiment wurden männlichen Gelbfiebermücken die **Fluggeräusche** ihrer Artgenossen vorgespielt. Wurde das Geräusch einer fliegenden männlichen Gelbfiebermücke abgespielt, so reagierte fast keine Mücke mit einer Verhaltensänderung. Wurde hingegen das Fluggeräusch einer weiblichen Gelbfiebermücke abgespielt, so erhoben sich viele der Männchen in die Luft, um wahrscheinlich nach dem gehörten Weibchen zu suchen. Die Geräusche, die ein Artgenosse beim Fliegen erzeugt, können Gelbfiebermücken aus bis zu zehn Metern Entfernung wahrnehmen. Ihre Antennen sind also extrem feinfühlig.

Die meisten Insekten hören wahrscheinlich gar nicht, wenn wir Menschen reden, denn ihre Ohren sind darauf spezialisiert, andere Frequenzen wahrzunehmen, wie zum Beispiel den Ultraschallruf, den manche Fressfeinde wie Fledermäuse ausstoßen.

Jedoch ist ein **Gespräch** zwischen Menschen genau in dem Lautstärken- und Frequenzbereich, den die Gelbfiebermücken hören können.

Um uns Menschen zu finden, nehmen die weiblichen Gelbfiebermücken unter anderem unseren Geruch und unsere Wärme wahr. Ob sie aber ihr Gehör nutzen, um uns Menschen und damit ihre nächste Mahlzeit aufzuspüren, ist nicht bekannt.

Wüstenheuschrecken
hören mit ihrem Hinterleib.

Was für Insektenflügel gilt, gilt auch für dich:
Du bist perfekt, so wie du bist!

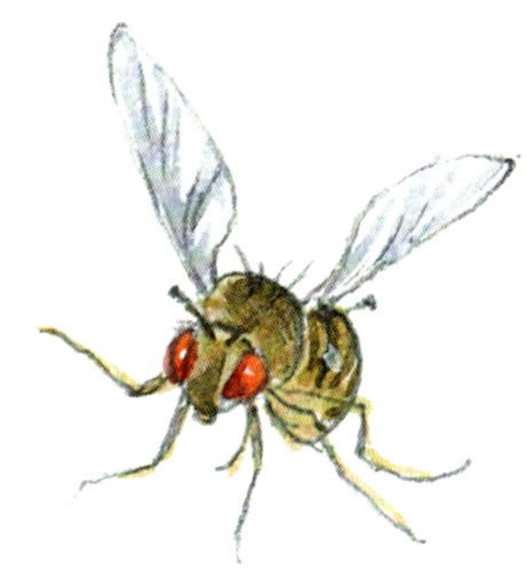

Riechen

Fühlst du dich auch immer von dem Duft deines Lieblingsessens regelrecht magisch angezogen? Insekten geht es da wohl nicht anders als dir. Mit ihren zwei Antennen nehmen sie die **Duftstoffe** der Umgebung wahr. Manche Insekten können über große Entfernungen einen Partner oder eine Futterquelle anhand ihres Geruchs wahrnehmen und aufspüren. Bei der geruchsgesteuerten Navigation folgen Insekten einer attraktiven **Duftspur** bis zu ihrer Quelle. Es wird vermutet, dass hierbei die Flügel nicht nur der Fortbewegung dienen, sondern auch zusätzlich den Antennen Duftstoffe zuwedeln. Und tatsächlich haben Computersimulationen gezeigt, dass die **Schwarzbäuchige Taufliege** mit ihren Flügeln Duftstoffe zu ihren Antennen wedelt.

Einmal angenommen, Schwarzbäuchige Taufliegen könnten auch ohne Flügelschläge fliegen, so würden nur die Duftstoffe die Antenne berühren, die sich auch unmittelbar im Weg der Antennen befinden würden. Aber natürlich schlagen auch Schwarzbäuchige Taufliegen beim Fliegen mit den Flügeln. Durch den **Flügelabschlag** werden Duftstoffe, die sich unter dem Flügel befinden, unter den Fliegenkörper gedrückt. Wenn nun der Flügelaufschlag einsetzt, werden die Duftstoffe, die unter dem Körper gesammelt wurden, durch eine **Luftströmung** nach oben zu den Antennen transportiert. Während des Fluges gelangen so durch das Schlagen der Flügel bis zu 1,8-mal mehr Duftstoffe zu den Antennen. Je schneller die Fliegen mit den Flügeln schlagen, desto mehr Duftstoffe werden den Antennen zugewedelt.

Berechnungen haben ergeben, dass die Flügel der untersuchten Taufliege nicht so perfekt fürs Fliegen sind, wie sie sein könnten. Wären die Flügel schmaler und etwas anders geformt, so würden sich die **Flugeigenschaften** der Fliege deutlich verbessern. Jedoch würden solche Flügel den Antennen viel weniger Duftstoffe zuwedeln. Also sind die Fliegenflügel doch perfekt, so wie sie sind. Ihre Form ist ein perfekter Kompromiss zwischen den Funktionen der Flugeigenschaften und des **Duftstofftransports** zu den Antennen.

Aufgepasst!

Übrigens haben die **Computersimulationen** auch gezeigt, dass die Antennen der Schwarzbäuchigen Taufliegen am vorderen Ende des Kopfes gut positioniert sind. Denn befänden sich die Antennen an anderen Körperstellen, zum Beispiel oben auf dem Kopf, auf der Brust oder oben auf dem Hinterleib, so würden sie beim Flug nicht so viel zusätzlichen Duftstoff durch die Flügel zugewedelt bekommen.

*Die Flügel der **Schwarzbäuchigen Taufliege** dienen nicht nur dem Fliegen, sondern helfen auch beim Riechen. Schwarzbäuchige Taufliegen riechen mit ihren kurzen Antennen, die sich zwischen ihren Augen befinden.*

Fühlen

Die **Amerikanische Großschabe** ist eine rotbräunliche Schabe und wird etwa vier Zentimeter groß. Sie besitzt zwei sehr lange Antennen, ein großes **Halsschild** und sechs kräftige Beine. Zu ihren Feinden gehören die halb so großen **Juwelwespen**.

Obwohl die metallisch glänzenden Juwelwespen kleiner sind, jagen sie die größeren Schaben. Die Wespe schleicht sich krabbelnd an die Schabe an. Um sie zu überwältigen, muss die kleine Juwelwespe mit ihren **Mundwerkzeugen** das Halsschild der Schabe packen, um ihr dann mit ihrem **Giftstachel** in Hals und Kopf zu stechen.

Sobald die Schabe aber die Anwesenheit der angreifenden Juwelwespe wahrnimmt, hat sie auch eindrucksvolle **Verteidigungsmöglichkeiten:**

- Sie stellt ihre Beine direkt unter ihren Körper und steht dann erhöht wie auf Stelzen. Dadurch fällt es der kleineren Wespe schwerer, das Halsschild der Schabe zu erreichen.

- Zusätzlich lehnt sich die Schabe von der Wespe weg, wodurch der Abstand zu ihr noch größer wird.

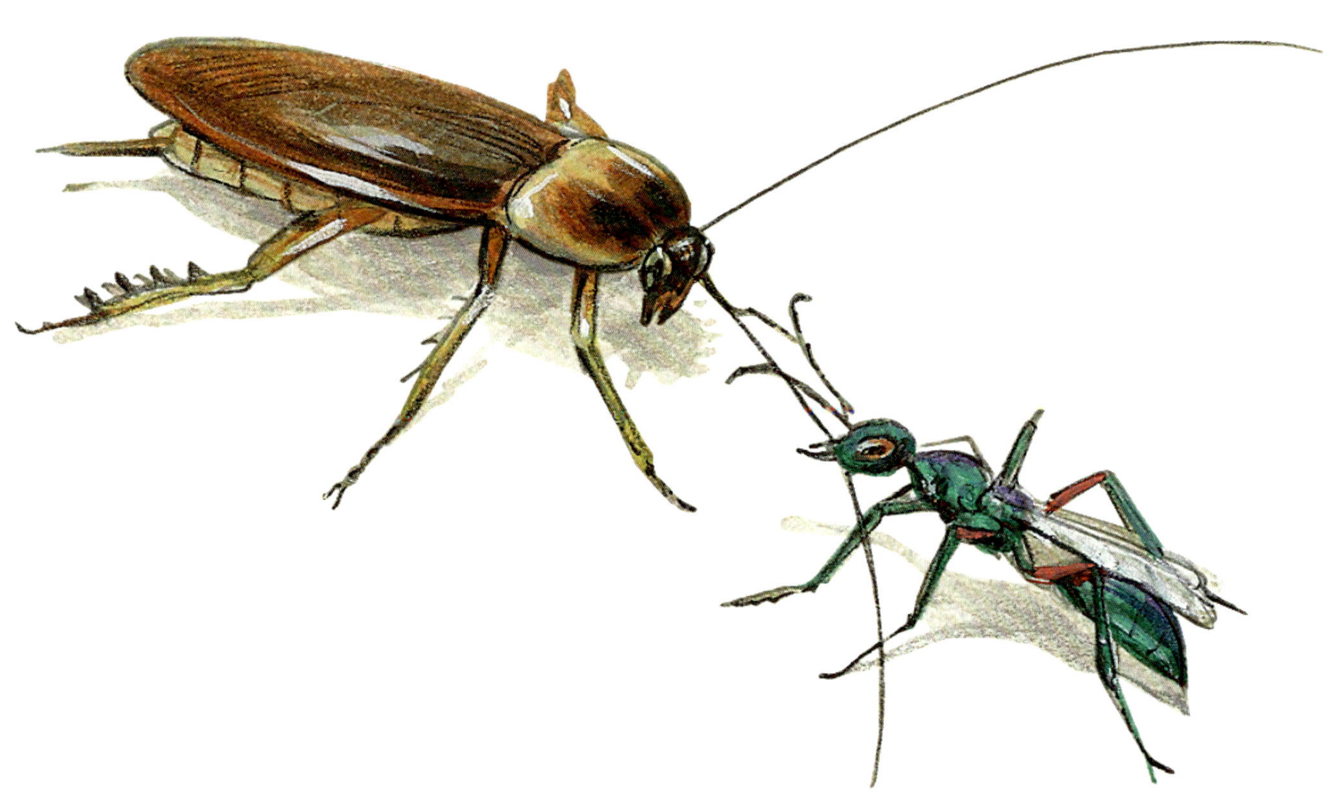

***Amerikanische Großschabe** und eine **Juwelwespe** kurz vor dem Kampf.*

- Mit einer ihrer langen Antennen sucht die Schabe aber auch den direkten Kontakt zur Wespe. Durch diese **Berührung** kann die Schabe fühlen, wo sich die Wespe befindet und in welche Richtung sich die Wespe bewegt. An ihren Beinen besitzt die größere Schabe **Sinneszellen** in Form spezieller Haare, mit denen sie Berührungen spüren kann. Neben den Antennen nutzt die Schabe auch ihre Hinterbeine, um nach der Wespe zu tasten.

- Berührt die Wespe beim Anschleichen eines dieser speziellen Haare aus Versehen, tritt die Schabe reflexartig mit einem ihrer starken Hinterbeine zu. Hierfür holt die Schabe mit dem Bein weit aus, um dann einen kräftigen Tritt auszuführen. Häufig treffen diese Tritte die nur zwei Zentimeter lange Juwelwespe am Kopf und schleudern diese mehrere Zentimeter fort.

Das ist die Chance für die Schabe zu fliehen!

Es wurde aber auch beobachtet, dass manche Juwelwespen nach einem oder mehrerer Tritte gegen den Kopf aufgeben und keinen weiteren Angriff starten. Im Kapitel „Angriff" auf Seite 96 kannst du erfahren, was Erstaunliches passiert, wenn die Schabe aber diesen **Kampf** verliert.

Wären Schaben und Juwelwespen so groß wie wir Menschen, so würde dieser Schaben-Superheldentritt die Wespe mehrere Meter durch die Luft schleudern.

„Was ist eigentlich beeindruckender? Dass die Schabe so kraftvoll zutreten kann oder dass die Wespe diesen Tritt überlebt?"

Die vier wichtigsten Regeln des Schaben-Selbstverteidigungskurses:

Regel Nummer 1:
Hals und Kopf möglichst weit vom Angreifer fernhalten

Regel Nummer 2:
Mit Antennen und Beinen fühlen, wo der Angreifer ist

Regel Nummer 3:
Kräftig gegen den Kopf des Angreifers treten

Regel Nummer 4:
Flüchten

Temperatursinn

Im Sommer wird in den Nachrichten häufig über Waldbrände berichtet. Diese Brände gefährden Bäume, Pflanzen, Tiere, uns Menschen und Insekten. Aber für den **Australischen Feuerkäfer** oder den in Europa lebenden Schwarzen Kiefernprachtkäfer ist es etwas Gutes. Sie sind **„feuerliebend“** und werden von Waldbränden angezogen. Auf einer frischen Waldbrandfläche versammeln sich diese Käfer, paaren sich und legen ihre Eier auf verkohlten oder sogar noch glimmenden Bäumen ab. Aus den Eiern schlüpfen Larven, also die Käfer-Kinder, welche dann unter der Rinde der brandgeschädigten oder toten Bäume aufwachsen. So können sich die Larven von dem Holz ernähren, ohne dass der Baum sich noch mit Harz oder anderen Mitteln gegen sie wehren könnte. Wenn diese Insekten einen Waldbrand entdecken, müssen aber auch sie sich vor der gefährlichen Hitze in Acht nehmen. Dafür haben sie ein **Frühwarnsystem**!

In Experimenten wurden fliegende Australische Feuerkäfer mit Infrarotstrahlung, also mit Wärmestrahlung, beschienen. Die Käfer änderten die Flugrichtung und wichen der **Wärmequelle** aus. Die Infrarotstrahlung nehmen die Feuerkäfer mit Sinnesorganen an der Unterseite ihres Hinterleibes wahr. Wurden diese Sinnesorgane mit Aluminiumfolie bedeckt, so änderten die Käfer nicht mehr ihre Flugrichtung, da die Folie die Strahlung wegreflektiert hat. Diese Sinnesorgane schlagen **Alarm**, wenn es zu heiß ist. Dadurch landet der Käfer nicht versehentlich auf einem noch glühenden oder brennenden Stück Holz, was Leib und Leben des Käfers gefährden würde.

Von einem Waldbrand angezogen, legt ein weiblicher **Australischer Feuerkäfer** seine Eier auf einem vom Feuer beschädigten **Baum** ab.

Aufgepasst!

Im Jahr 1925 brannte drei Tage lang ein riesiger Öltank in einem waldlosen Tal in Kalifornien. Dieser Brand lockte viele feuerliebende Käfer aus einem sehr weit entfernten Wald an. Eine Untersuchung ergab, dass die meisten dieser Käfer das Feuer aus einer Entfernung von 130 Kilometern wahrnahmen. Die Käfer haben leider kein Holz gefunden, aber dafür den Brand aus einer enormen Entfernung spüren können.

Schmecken

Für Insekten, die ihre Eier auf gewissen Pflanzen ablegen oder die sich von bestimmten Pflanzen ernähren, ist es wichtig, dass sie ihre bevorzugte Futterpflanze erkennen. Sie müssen diese **Futterpflanze** von ungenießbaren oder sogar giftigen Pflanzen unterscheiden können. Und natürlich sollte diese Unterscheidung vor der Eiablage oder dem Beginn des Fressens stattfinden. Wenn Insekten auf einer Pflanze krabbeln oder landen, so berühren sie die Pflanze zuerst mit den Füßen oder Antennen. Und tatsächlich, einige Insekten wie Fliegen, Schmetterlinge oder Blattkäfer können nicht nur mit ihrem **Mund**, sondern auch noch mit ihren **Füßen, Antennen** und mit dem eierablegenden Teil ihres **Hinterleibs** schmecken.

Blattkäfer sind Pflanzenfresser und viele von ihnen, wie zum Beispiel der Kartoffelkäfer, gelten in der Landwirtschaft als Schädlinge. Die Vertreter der Blattkäferart *Galerucella grisescens* können mit ihren Füßen süß, salzig und bitter schmecken. Sie ernähren sich von dem Stumpfblättrigen Ampfer. Wie auch bei anderen Pflanzen sind die Blätter des Stumpfblättrigen Ampfers mit einer wasserabweisenden **Wachsschicht** überzogen. Die Zusammensetzung dieses Wachses ist von Pflanzenart zu Pflanzenart unterschiedlich. Landet ein Blattkäfer auf dem Stumpfblättrigen Ampfer, so kommen zuerst die Käferfüße mit der Wachsschicht des Blattes in Kontakt.

In einer Versuchsreihe war es den Blattkäfern der Art *Galerucella grisescens* nur möglich, mit den Füßen, aber nicht mit dem Mund zu schmecken. Die Forschenden ließen den Blattkäfern die Wahl zwischen einem Untergrund, der nach dem Stumpfblättrigen Ampfer und einem Untergrund, der neutral schmeckte.

Diese Blattkäfer bevorzugten den Untergrund, der nach ihrem Lieblingsfutter schmeckte.

Die Vertreter dieser Blattkäferart ernähren sich aber nicht von Spinat- oder Auberginenblättern. Darum präsentierten die Forschenden in weiteren Experimenten den Blattkäfern Untergründe, die nach diesen beiden Pflanzen schmeckten. Die Blattkäfer zeigten jedoch keine **Vorliebe** für einen Untergrund, der nach Spinatblättern schmeckte, und sie vermieden sogar eher einen Untergrund, der nach Auberginenblättern schmeckte. Diese Blattkäfer können tatsächlich mit ihren Füßen ihre bevorzugte **Nahrungsquelle** erkennen und von anderen Pflanzen unterscheiden.

Vielleicht gibt es auch bei dir zu Hause die Regel, dass man ein bisher unbekanntes Gericht erst einmal probieren muss, bevor man sagen darf, dass man es nicht mag. Und wahrscheinlich beneidest du auch nun die Blattkäfer. Wer wurde nicht gerne Speisen (von denen man eigentlich schon vorher weiß, dass man sie nicht mag), wie zum Beispiel Spinat, mit den Füßen probieren können, um sofort zu wissen, dass man sie nicht essen möchte.

***Blattkäfer** der Art **Galerucella grisescens** können mit ihren Füßen schmecken.*

FORTPFLANZUNG

Alle Insekten schlüpfen als **Larven** aus Eiern. Die Larven sind quasi die Kinder-Insekten. Aber kümmern sich Insekteneltern auch um ihre Kinder? Und braucht es bei den Insekten überhaupt immer Männchen und Weibchen für die Fortpflanzung? Wie finden und **paaren** sich Insekten eigentlich? All dies und vieles mehr erfährst du in diesem Kapitel.

Verwandlung in eine erwachsene Fliege

Puppenstadium

Die unvollständige Verwandlung

Insekten kann man grob in zwei Gruppen unterteilen: in diejenigen Arten, die eine unvollständige, und in diejenigen, die eine vollständige Verwandlung zwischen jungen und **erwachsenen Tieren** durchleben.

Bei Insekten, die in ihrer Entwicklung eine unvollständige Verwandlung durchlaufen, wie zum Beispiel Heuschrecken, Schaben, Ohrwürmer oder Libellen, ähneln die Larven, die auch **Nymphen** genannt werden, sehr dem erwachsenen Insekt. Sie sind jedoch oftmals noch flügellos und generell kleiner als ihre Eltern. Da das starre Außenskelett nicht mitwächst, müssen sich die Larven häuten und werden mit jeder Häutung dem erwachsenen Insekt ähnlicher.

Links ist eine noch dunkel gefärbte ***Larve*** *und rechts ein erwachsenes Tier der* ***Wüstenheuschrecke*** *zu sehen. Die Flügel der Larven sind noch sehr kurz und die Larven noch flugunfähig. Auch in Körpergröße und Färbung unterscheiden sich Larve und erwachsenes Tier stark voneinander. Sie ähneln sich ansonsten aber sehr.*

Aufgepasst!

Die 0,5 Millimeter großen Larven der Schwarzbäuchigen Taufliege schlüpfen etwa einen Tag nach der Eiablage. Vier weitere Tage später sind die Larven 3,7 Millimeter groß und bilden bereits zwei Tage später eine Puppe.

Wenn Menschen in der gleichen Zeit ihre Körpergröße im gleichen Maße vergrößern würden, dann wäre ein Baby nur vier Tage nach der Geburt stolze 3,7 Meter groß.

Während die Schwarzbäuchige Taufliege nur wenige Tage als Larve existiert, dauert das Larvenstadium bei einigen Insekten, wie zum Beispiel bei manchen Eintagsfliegenarten, Großflüglern oder den Maikäfern, mehrere Jahre.

Die vollständige Verwandlung

Bei Insekten, die in ihrer Entwicklung eine vollständige Verwandlung durchmachen, wie zum Beispiel Fliegen, Schmetterlinge oder Käfer, sehen die Larven noch ganz anders als ihre Eltern aus.

Je nach Art nennt man diese Larven auch **Maden**, **Raupen** oder **Engerlinge**.

Dieses Bild zeigt den **Lebenszyklus** der **Schwarzbäuchigen Taufliege**. Ganz oben ist die Paarung von einem Männchen und einem Weibchen gezeigt. Das Männchen klettert auf das Weibchen und ihre Hinterleiber berühren sich. In dieser Position kann das Männchen seine **Spermien** in das Weibchen übertragen. Die Spermien **befruchten die Eizellen** im Weibchen. Rechts neben der Paarung ist ein Weibchen bei der Eiablage zu sehen. Die Eier werden auf eine Futterquelle, zum Beispiel einen überreifen **Apfel** gelegt. Die aus einem Ei schlüpfende **Larve** beginnt direkt zu fressen. Die Larven sind im Bild auf dem gelben Hintergrund zu sehen. Der Lebensinhalt der Larven besteht nur aus Fressen. Innerhalb weniger Tage wachsen sie enorm und häuten sich zweimal. Die Larven atmen mit ihrem Hinterleib und graben sich kopfüber in ihre Futterquelle ein. Haben sie genug gefressen, verlassen sie ihre Futterquelle und suchen eine trockene Stelle für ihre Verpuppung. Dort entwickelt sich aus einer Larve eine **Puppe**. Die Hülle der Puppe besteht aus der verhärteten Haut der Larve. Puppen sind in der linken Hälfte des Bildes gezeigt. Im Puppenstadium verwandelt sich die Larve in eine **erwachsene Fliege**. Ist diese Verwandlung abgeschlossen, verlässt die Fliege die Puppenhülle. Die erwachsene Fliege sucht dann nach Partnern für die Paarung. Und der Fortpflanzungs- und Verwandlungszyklus beginnt von vorne.

*Der Lebenszyklus der **Schwarzbäuchigen Taufliege***

Ein ungewöhnliches Hochzeitsgeschenk

Bevor neues Leben entstehen kann, müssen sich auch bei den meisten Insekten zwei derselben Art finden und paaren. Manche Arten nutzen akustische Signale, also **Laute**, um Partner anzulocken, so zum Beispiel die zirpenden Zikaden. Andere Insekten, wie die meisten Vertreter der Familie der Leuchtkäfer oder auch Glühwürmchen genannt, machen mit **Lichtsignalen** auf sich aufmerksam. Skorpionsfliegen und viele andere Insekten locken sich durch besondere Duftstoffe, sogenannte **Pheromone**, an.

Die Familie der **Skorpionsfliegen** gehört zur Ordnung der Schnabelfliegen. Der Kopf der erwachsenen Schnabelfliegen ist verlängert und erinnert an einen langen Vogelschnabel.

Die männlichen Skorpionsfliegen fallen auch durch ihren Hinterleib auf, der am Ende verdickt ist. Wird diese Verdickung nach oben gebogen, so erinnert dies stark an den **Stachel** eines Skorpions. Aber keine Sorge, die Skorpionsfliegen können mit ihrem Hinterleib nicht stechen. Unter anderem befinden sich am Hinterleib die **Genitalien** und bei vielen Arten auch Drüsen, die Pheromone ausstoßen. Von diesen werden die Weibchen derselben Skorpionsfliegenart dann angelockt. Hierbei wird der Hinterleib angehoben und abgesenkt sowie rhythmisch mit den Flügeln geschlagen. So wird das Pheromon in der Umgebung verteilt. Bei den Vertretern der Skorpionsfliegenart *Neopanorpa lui* berühren sich das durch den Duft angelockte Weibchen und das Männchen erst einmal mit ihren Vorderbeinen und Antennen. Anschließend berühren sie sich auch mit ihren Mündern.

Dieser **„Skorpionsfliegenkuss"** kann mehrere Stunden dauern und motiviert wohl die Skorpionsfliegen zur Paarung. Nun bietet das Männchen dem Weibchen etwas Nahrhaftes zum Essen als „Hochzeitsgeschenk" an – einen etwa zwei Millimeter langen **Speicheltropfen**. Sobald das Weibchen das Geschenk annimmt und zu fressen beginnt, greift das Männchen mit seinem Hinterleib nach dem Hinterleib des Weibchens und die Genitalien des Paares verkoppeln sich. So gelangen

*Zwei **Skorpionsfliegen** bei der Paarung. Links ist das Männchen und rechts das Weibchen der Skorpionsfliegenart **Neopanorpa lui** abgebildet. Das Weibchen frisst gerade das **„Hochzeitsgeschenk"**.*

die Spermien des Männchens in die Genitalien des Weibchens. Diese Skorpionsfliegen nehmen bei der Paarung eine **V-Stellung** ein. Das Männchen hat kleine, klammerartige Fortsätze am Hinterleib, mit denen es sich an einem Flügel des Weibchens festklammern kann. Dadurch kann eine frühzeitige Entkopplung der Genitalien verhindert werden und so kann die Paarung mehrere Stunden dauern.

Bei anderen Skorpionsfliegenarten schenkt das Männchen dem Weibchen als Hochzeitsgeschenk ein erbeutetes Insekt, wie zum Beispiel eine tote Fliege. Bei anderen Arten „küssen" sich die Skorpionsfliegen während der kompletten Paarung. So wird das Weibchen konstant mit Speichel gefüttert. Diese **nahrhaften Hochzeitsgeschenke** wirken sich wohl positiv auf die Bildung der Eier aus.

Sabber als Hochzeitsgeschenk – da bleibt einem die Spucke weg.

Aufgepasst!

Wenn du wissen möchtest, was einem drohen kann, wenn man kein Hochzeitsgeschenk hat, dann lies den Text über die **Fangschrecken** auf Seite 102.

Am seidenen Faden

Felsenspringer haben eine längliche Gestalt und sind zwischen sechs und 25 Millimeter groß. Sie haben große Augen und lange Antennen. Viele Arten leben unter Steinen und man findet Vertreter dieser Ordnung an verschiedenen Orten der Erde, wie zum Beispiel an Meeresküsten, in tropischen Wäldern oder auf 5 000 Metern Höhe im Himalaja-Gebirge. Sie ernähren sich von Algen, Flechten und von Laub. Ihren Namen verdanken sie ihrem **Fluchtverhalten** bei drohender Gefahr. Nähert sich eine Spinne oder ein anderer Fressfeind, so fliehen die Felsenspringer durch Sprünge. Bei Felsenspringern, die auf Bäumen leben, wurde sogar beobachtet, dass sie nach einem Sprung die Richtung ihres Falls steuern können. Sie nutzen ihre **Anhänge am Hinterleib**, um im Fallen zurück zum Baumstamm zu steuern. Durch dieses Verhalten ist der Sturz nicht sehr tief.

Aber sie zeichnen sich auch durch ein ganz besonderes **Fortpflanzungsverhalten** aus. Anders als bei den Skorpionsfliegen und den meisten anderen Insekten, werden die Spermien nicht direkt über den Penis in die weiblichen Genitalien übertragen. Der Transfer der **Spermien** erfolgt indirekt, also über eine Zwischenstation – dem **seidenen Faden**. Bei der Art *Machilis germanica* nähert sich das Männchen dem Weibchen und berührt es. Ist das Weibchen bereit für die Paarung, so nähert sie sich dem Männchen und hebt die Spitze ihres Hinterleibs an. Das Männchen beginnt daraufhin, einen Faden aus seinem Hinterleib zu produzieren, dessen Ende am Boden festklebt. Den wachsenden Faden zieht das Männchen beim Laufen hinter sich her und legt drei bis fünf Tropfen mit Spermien auf diesen Faden ab. Mit dem weiterwachsenden Faden am Hinterleib umkreist das Männchen seine Partnerin so, dass das Weibchen nicht nach vorne wegkrabbeln kann. Durch das **Umkreisen** nähern sich das Weibchen und der Faden an. Am Ende kommt ein Tropfen voller Spermien mit den Genitalien des Weibchens in Kontakt. Nach der **Befruchtung** entwickeln sich Eier im Weibchen. Je nach Art legen die Felsenspringer ihre **Eier** in Felsspalten oder in Ritzen von Baumrinden ab. Bei manchen Arten dauert es dann sogar noch über ein Jahr, bis aus den Eiern die Larven schlüpfen.

Bei manchen Felsenspringern hängt der Erfolg der Fortpflanzung also buchstäblich am seidenen Faden.

*Die **Felsenspringer** der Art **Machilis germanica** fliehen vor drohender Gefahr mithilfe eines Sprungs. Bei der Paarung erfolgt die Übertragung der Spermien vom Männchen in das Weibchen indirekt über einen seidenen Faden.*

Fortpflanzung mit und ohne Partner

Es braucht nicht immer ein Paar, damit **Nachwuchs** entsteht. Bei manchen Eintagsfliegenarten gelingt eine Fortpflanzung auch ohne Partner. Das Larvenstadium der **Eintagsfliegen** kann Jahre dauern. Ihren Namen verdanken sie ihrem sehr kurzen Erwachsenenleben. Erwachsene Eintagsfliegen nehmen keine Nahrung zu sich und leben je nach Art mehrere Tage oder weniger als eine Stunde. Aufgrund dieser kurzen Lebenserwartung im fortpflanzungsfähigen Alter bleiben sie zumeist an dem Ort, an dem sie auch als Larve gelebt haben. Dies führt dazu, dass weibliche Eintagsfliegen nur begrenzte Möglichkeiten haben, sich zu paaren und zu vermehren. Wenn man nur so kurz lebt und nicht lange auf **Partnersuche** gehen kann, dann wäre es doch eigentlich von Vorteil, wenn man gar keinen Partner für die Fortpflanzung bräuchte, oder? Und tatsächlich, bei etwa der Hälfte aller diesbezüglich untersuchten Eintagsfliegenarten können sich die Weibchen auch ohne Männchen vermehren. Das wird als **eingeschlechtliche Fortpflanzung** bezeichnet.

Es gibt Eintagsfliegenarten, die nur aus weiblichen Eintagsfliegen bestehen. Sie vermehren sich stets ohne Partner. Bei dieser Fortpflanzung schlüpfen aus über 75 Prozent der **unbefruchteten Eier** Larven.

Es gibt aber auch Eintagsfliegenarten, bei denen sich Männchen und Weibchen paaren und fortpflanzen **(zweigeschlechtliche Fortpflanzung)**. Unter dem Nachwuchs befinden sich anschließend in der Regel etwa so viele Männchen wie Weibchen.

Dann gibt es auch noch Eintagsfliegenarten, bei denen sich die Weibchen entweder alleine ohne Partner fortpflanzen können oder mit einem Männchen paaren und fortpflanzen. Die **beiden Optionen** zu besitzen, sich entweder alleine oder mit einem Partner fortzupflanzen, müsste doch alle Vorteile von ein- und zweigeschlechtlicher Fortpflanzung vereinen. Warum machen dies nicht alle Eintagsfliegen oder sogar alle Lebewesen so? Ganz klar, am erfolgreichsten ist die Paarung von Eintagsfliegenarten, die sich durch die Paarung von Männchen und Weibchen vermehren. Im Vergleich zu den anderen Strategien schlüpfen bei dieser Fortpflanzung aus den meisten Eiern am Ende auch Larven.

Die eingeschlechtliche Fortpflanzung scheint sogar ein Nachteil für die zweigeschlechtliche Fortpflanzung zu sein. Denn bei den Eintagsfliegenarten, bei denen sich die Weibchen sowohl alleine als auch mit Männchen fortpflanzen, ist der **Schlupferfolg** geringer als bei Weibchen, die sich nur zweigeschlechtlich fortpflanzen können. Dies könnte erklären, warum es eher die Ausnahme ist, dass sich ein Tier sowohl ein- als auch zweigeschlechtlich fortpflanzen kann.

Die Natur „sucht“ immer den erfolgreichsten Weg.

*Hier siehst du eine erwachsene **Eintagsfliege** der Art **Palingenia longicauda**. Diese Art ist auch als Theiß-Eintagsfliege bekannt. Theiß ist ein europäischer Fluss, in dem diese Eintagsfliege lebt.*

Ein Rucksack voller Eier

Der Nachwuchs von Insekten schlüpft in der Regel aus **Eiern**, welche die Weibchen meistens auf einer Futterpflanze, auf dem Boden, in ihrem Nest oder einem anderen geschützten Ort abgelegt haben. Bei wenigen Insektenarten bleiben die Eier aber auch im Körper der Weibchen und diese legen erst später die bereits geschlüpften Larven oder Puppen ab. Ein Beispiel dafür findest du auf S. 37 im Text „Ausnahmen bestätigen die Regeln".

Auch die **Australische Wollschildlaus** ist in mancher Hinsicht eine Ausnahme. Dieses Insekt ernährt sich von Pflanzensaft, hat als erwachsenes Tier einen **ovalen Körper** und wird etwa fünf Millimeter lang und drei Millimeter breit. Es besitzt eine rötlichbraune bis orangene Körperfarbe und ist mit einem weißen, puderigen und wachsartigen Sekret überzogen.

Die Australische Wollschildlaus produziert zur Vermehrung einen weißen watteartigen **Eisack**, in welchem sie mehr als 1 000 Eier ablegt. Der Eisack bleibt am Körper der Wollschildlaus befestigt und wird mit dem steigenden Alter der Wollschildlaus immer größer. Der größer werdende Eisack kann die Schildlaus so hochdrücken, dass sie quasi im Kopfstand steht und nur noch mit ihren pflanzensaftsaugenden **Mundwerkzeugen** und dem Eisack auf der Pflanze steht und deren Saft trinken kann. In einer Studie wurde berichtet, dass der größte untersuchte Eisack etwa 14 Millimeter lang und fünf Millimeter breit war – also deutlich länger, als die Australische Wollschildlaus selbst lang ist. Die aus den Eiern schlüpfenden Larven verlassen schließlich diesen „Rucksack".

Wie der Name es schon vermuten lässt, stammt die Australische Wollschildlaus ursprünglich aus Australien. Jedoch gelangte sie als blinder Passagier auf Pflanzen, welche von Menschen gehandelt und transportiert wurden, auch auf andere Kontinente. Nun ist sie ein **Schädling**, der auf Zitruspflanzenplantagen in der ganzen Welt vorkommt. Bei der Besiedelung neuer Kontinente hat der Australischen Wollschildlaus der Umstand geholfen, dass sie ein Zwitter ist. Ein Zwitter ist ein Lebewesen mit männlichen und weiblichen Geschlechtsorganen. Die Wollschildlaus besitzt also sowohl Spermien als auch Eizellen. Anders als bei den Eintagsfliegen, bei denen aus unbefruchteten Eiern Larven schlüpfen können, befruchten sich diese **Zwitter** der Australischen Wollschildlaus selbst. So kann auch eine einzelne Australische Wollschildlaus in einer neuen Umgebung viel Nachwuchs zeugen. Bei dieser Art gibt es neben den Zwittern auch sehr wenige Männchen. Diese Männchen können sich mit den Zwittern paaren. Im Gegensatz zu den Zwittern haben die Männchen **Flügel** und einen länglichen Körper.

*Links ist ein Zwitter der **Australischen Wollschildlaus** mit dem watteartigen Eisack. Rechts ist ein Männchen zu sehen.*

Mütterliche Fürsorge bei Ohrwürmern

Die Vertreter der Ordnung Ohrwürmer werden umgangssprachlich auch **Ohrenkneifer** genannt. Ohrwürmer besitzen **Zangen** am Hinterleib, welche sie zur Verteidigung, zur Jagd oder aber auch zum Ausbreiten ihrer Flügel nutzen. Ohrwürmer ernähren sich zum Beispiel von Pflanzenteilen und von anderen Insekten. Zu dieser Ordnung gehört auch der **Gemeine Ohrwurm**, ein etwa 1,6 Zentimeter langes Insekt. Nach der Paarung legen die Weibchen in einem unterirdischen Nest über 50 Eier. Nach dem **Schlupf** dauert es ungefähr 65 Tage, bis sich die Larven zum letzten Mal häuten und zu einem erwachsenen Gemeinen Ohrwurm entwickelt haben.

Direkt nach dem Schlüpfen sind die Larven dieses Ohrwurms, wie auch die Larven der meisten Insekten, selbstständig. Dennoch pflegen, putzen und beschützen die Weibchen ihre **Gelege** sowie ihre Larven über mehrere Wochen. Die Weibchen verteidigen auch die Eier und Larven gegen Fressfeinde, wie zum Beispiel männliche Ohrwürmer, andere Insekten oder Spinnen. Hierbei unterscheiden die Mütter nicht zwischen ihren eigenen und fremden Eiern. Sie nehmen als **Pflegemutter** auch fremde Gelege an und behandeln sie so, als wären es ihre eigenen.

In **Laborexperimenten** sind Gemeine Ohrwürmer entweder mit einer Pflegemutter oder aber als **Waise** ohne Eltern groß geworden. Es wurde untersucht, wie sich diese Gemeinen Ohrwürmer später verhalten, wenn sie selbst Pflegemütter sind. Im Vergleich zu den Pflegemüttern, die als Larve auch gepflegt wurden, fütterten die Pflegemütter, die selbst als Waise aufwuchsen, weniger Larven und ließen ihr Gelege länger unbeaufsichtigt, wenn sie durch einen Angreifer vertrieben wurden. Diese Experimente haben auch gezeigt, dass der Verlust der **mütterlichen Fürsorge** auch die Entwicklung der kommenden Generationen beeinflusst. Erstaunlicherweise wurden die Nachkommen von Müttern, die als Waise aufgewachsen waren, von ihren Pflegemüttern weniger gut verteidigt. Hingegen benötigten die Nachkommen von den Müttern, die selbst mütterliche Fürsorge erfahren haben, mehr Zeit, um sich zu einem erwachsenen Ohrwurm zu entwickeln. Wie genau das Vorhandensein oder Fehlen der mütterlichen Fürsorge Einfluss auf die Entwicklung **kommender Generationen** nehmen kann, ist aber noch nicht komplett erforscht.

*Links ist ein Weibchen und rechts eine Larve des **Gemeinen Ohrwurms** zu sehen. Ihre Zangen am Hinterleib nutzen sie zur Verteidigung, zur Jagd und zum Ausbreiten ihrer Flügel.*

Aufgepasst!

Übrigens, es gibt zwar Einzelfälle, in denen sich ein Ohrwurm aus Versehen in ein menschliches Ohr verirrt hat, aber Ohrenkneifer kneifen nicht in unsere Ohren und können diese auch nicht verletzen. Ganz im Gegenteil, ihr Name kommt wohl daher, dass sie früher als Heilmittel gegen Ohrenkrankheiten eingesetzt wurden. Sie wurden zermahlen und dann in die Ohren des Patienten gerieben.

Vorsicht bissig!

Kamelhalsfliegen sehen sehr interessant aus. Ihren Namen verdanken sie ihrem äußerst langen Hals, auf dem ihr langer, flacher Kopf mit den großen **Komplexaugen** sitzt. Zusätzlich sind die Weibchen dieser Ordnung bekannt für ihre sehr langen **Eiablageapparate**.

Je nach Art schlüpfen die Larven nach wenigen Tagen bis Wochen aus den Eiern. In der Regel leben diese Insekten ein bis drei Jahre lang als Larven. Die Larven besitzen im Gegensatz zu den erwachsenen Kamelhalsfliegen keine Komplexaugen und auch keine Flügel. Das anschließende **Puppenstadium** kann je nach Art nur wenige Tage oder bis zu zehn Monate dauern. Während des Puppenstadiums entwickeln sich bei den Insekten, die eine **vollständige Verwandlung** durchlaufen, aus den Larven die erwachsenen Insekten. Die vollständige Verwandlung hast du bereits auf Seite 29 kennengelernt. Der Körper wird komplett umgebaut und für erwachsene Insekten typische Organe wie die Komplexaugen oder die **Geschlechtsorgane** bilden sich. Als Puppe nehmen die Insekten keine Nahrung zu sich.

Wie bei vielen Insekten sind auch die Puppen von zum Beispiel der Schwarzbäuchigen Taufliege unbeweglich. Im Gegensatz hierzu wurde beschrieben, dass die Puppen von Kamelhalsfliegen recht **aktiv** sind. Sie besitzen funktionelle Mundwerkzeuge und können beißen, wenn sie gestört werden. Auf Laub sitzende, aktive Puppen können bei Störung ihre Beine und den Kopf einziehen und sich zu Boden fallen lassen. Es wurde sogar berichtet, dass diese Puppen einen Tag, bevor sie sich zu einer erwachsenen Kamelhalsfliege entwickeln, krabbeln können. Dies ist wirklich sehr ungewöhnlich für ein Puppenstadium der Insekten. Kamelhalsfliegen sind auch dafür bekannt, dass sie für einen gewissen Zeitraum einer Temperatur von ungefähr **0 Grad Celsius**, also der tiefen Temperatur, bei der Wasser gefriert, ausgesetzt sein müssen, um ihr **Puppenstadium einzuleiten**. In einem Experiment wurden Kamelhalsfliegenlarven einer bestimmten Art im Labor bei konstanter Raumtemperatur gehalten. Daher entwickelten sie sich nicht zu einer Puppe. Stattdessen lebten sie als Larve mehrere Jahre weiter.

Ob die deutsche Pop-Band Alphaville beim Komponieren ihres Welthits „Forever Young“ wohl von den Larven der Kamelhalsfliegen inspiriert wurde?

In dieser zusätzlichen Zeit häuteten sie sich weiter. Viele dieser Larven entwickelten Komplexaugen oder Flügeldecken, also jene Merkmale, die zwar für das Puppenstadium oder das Erwachsenenstadium üblich, aber für Larven sehr unüblich sind.

*Die weibliche **Kamelhalsfliege Agulla bicolor** hat einen sehr langen Hals und am Hinterleib einen sehr langen Eiablageapparat.*

Rechts kommt ein männlicher ***Fächerflügler*** *der Art* ***Halictoxenos borealis*** *angeflogen. Links ist eine* ***Biene*** *der Art* ***Lasioglossum apristum*** *gezeigt. In ihr leben zwei weibliche Fächerflügler, die einen Teil ihres Hinterleibs zeigen. In der Regel lebt nur ein Weibchen in dieser Bienenart, aber es wurden auch schon zwei oder sogar drei Weibchen in einem Wirt entdeckt.*

Ausnahmen bestätigen die Regeln

Fächerflügler sind **parasitisch** lebende Insekten. Man bezeichnet sie als **Endoparasiten**, da sie den Großteil ihres Lebens in anderen Insekten, wie zum Beispiel Bienen oder Heuschrecken, verbringen und sich von ihrem sogenannten **„Wirt“** ernähren. Die beflügelten Fächerflügler dieser Ordnung besitzen untypische Flügel, die an Fächer erinnern.

Neben ihren Flügeln haben die Fächerflügler aber noch mehr Ausnahmen im Vergleich zu anderen Insekten zu bieten. Oft unterscheiden sich männliche und weibliche Insekten derselben Art in ihrem **Aussehen** und ihren **Verhaltensweisen**. Dieser Unterschied ist bei den Fächerflüglern sehr stark ausgeprägt. Die erwachsenen Weibchen verbringen fast ihr ganzes Leben in ihrem Wirt und haben weder Augen, Antennen, Beine oder Flügel. Sie ähneln also eher einer Larve als einem erwachsenen Insekt, während die Männchen sich im Wirt verpuppen und diesen nach der vollständigen Verwandlung mit Augen, Antennen, Beinen und Flügeln verlassen. Die Männchen leben aber nur fünf bis sechs Stunden und suchen in dieser Zeit nach einem Weibchen, um sich zu paaren und fortzupflanzen. Die Weibchen verlassen ihren Wirt aber nicht und präsentieren nur einen Teil ihres Körpers an der Körperoberfläche des Wirtes. Sie locken die Männchen durch **Pheromone** an. Das Männchen führt zur Paarung seinen Penis in das präsentierte Körperteil des Weibchens ein und überträgt seine Spermien, die dann die Eizellen des Weibchens befruchten können. Die befruchteten Eier bleiben im Weibchen und werden nicht abgelegt. Erst die daraus geschlüpften Larven verlassen ihre Mutter und damit den Wirt. Die Bienenart *Lasioglossum apristum* dient der Fächerflüglerart *Halictoxenos borealis* als Wirt. Es wurde beobachtet, dass die Bienen, die normalerwese auf Blüten Pollen als Nahrung für den Nachwuchs sammeln, dies nicht tun, wenn sie von einem Fächerflüglerweibchen befallen sind. Diese Bienen flogen zwar auch zu denselben Blüten, sammelten und aßen dort aber keine Pollen, sondern bogen lediglich ihren Hinterleib nach unten und drückten ihn an die Blüten. Dadurch können frisch geschlüpfte Larven vom Körper des Wirtes auf die Blüte gelangen und dort dann auf eine pollensuchende Biene krabbeln. So werden die Larven zu einem neuen **Bienennest** getragen und befallen dort dann Bienenlarven, in denen sie als Endoparasiten weiterleben. Wie die Fächerflügler das Verhalten ihres Wirtes so manipulieren können, dass dieser ihnen bei der Verbreitung ihrer Larven hilft, ist noch nicht erforscht.

Insekten sind so **vielfältig**, dass es immer Ausnahmen gibt, welche die Regel bestätigen. So gibt es zum Beispiel auch Fächerflüglerarten, bei welchen die Verpuppung außerhalb des Wirtes stattfindet und dadurch auch die weiblichen Fächerflügler ihren Wirt verlassen. Diese Weibchen haben dann auch Flügel und Antennen.

Der Kampf der Großflügler

In der **Paarungszeit** der Rothirsche kommt es immer wieder zu Brunftkämpfen. Der Platzhirsch kann sich mit den Weibchen des Rudels paaren. Bei den Brunftkämpfen um die Gunst eines Weibchens kommt es zwischen zwei Hirschen zum Duell, wenn keiner zuvor die Flucht ergreift. Beim Kampf verkeilen sie sich so lange mit ihren Geweihen, bis der Verlierer aufgibt und flieht. Erstaunlicherweise lässt sich ein ähnliches Verhalten bei manchen Insekten wie Großflügler beobachten.

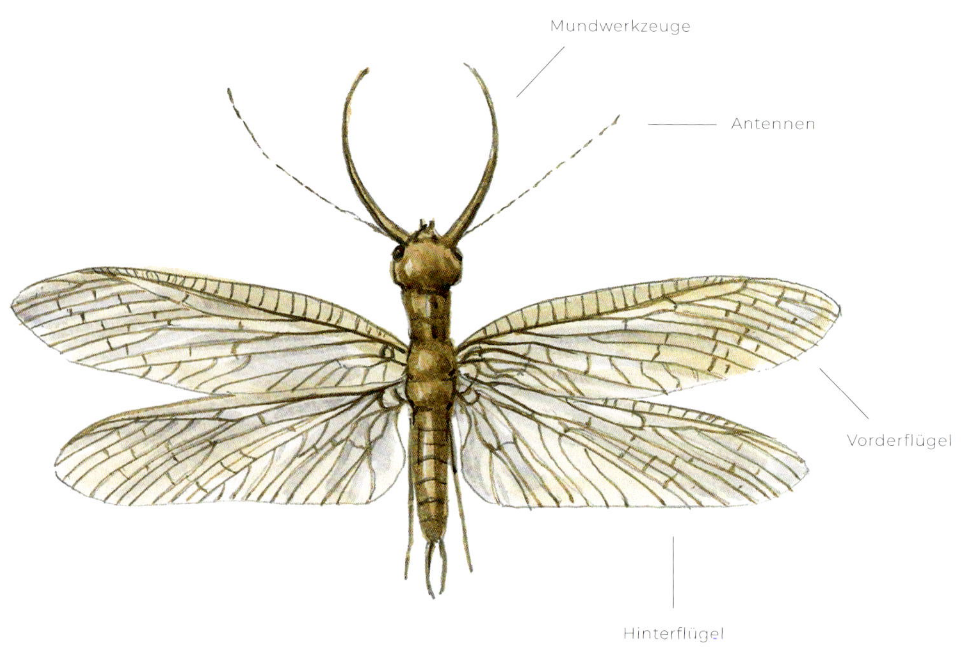

*Dies ist ein Männchen der **Großflüglerart Corydalus bidenticulatus**. Trotz ihrer großen Flügel, sind sie keine guten Flieger.*

Die meiste Zeit ihres Lebens existieren die **Großflügler** als Larven. Bei manchen Arten kann das Larvenstadium mehrere Jahre dauern.
Das Leben als geflügeltes ausgewachsenes Insekt ist dagegen mit wenigen Tagen bis zu einem Monat sehr kurz. Das kurze Leben als ausgewachsenes Insekt dient bei den Großflüglern hauptsächlich der **Paarung** und damit der Vermehrung.

Bei manchen Arten dieser Insektenordnung besitzen die Männchen aber nicht nur große Flügel. Die Männchen der Großflüglerart *Corydalus bidenticulatus* besitzen zwei lange **Antennen** und durchschnittlich 21 Millimeter lange säbelartige **Mundwerkzeuge**. Die Mundwerkzeuge der Weibchen sind mit etwa sechs Millimetern Länge deutlich kürzer.
In **Verhaltensexperimenten** wurde gezeigt, dass sich zwei Großflügler, die sich begegnen, gegenseitig mit ihren Antennen berühren und untersuchen. Treffen sich zwei Männchen, zeigen sie kein aggressives Verhalten. Befindet sich aber ein Weibchen in ihrer Nähe, so werden die Männchen zu Rivalen und attackieren sich. Zuerst öffnen sie ihre säbelartigen Mundwerkzeuge. Dann stehen sie sich gegenüber und es kommt zum Schlagabtausch. Es wurde beobachtet, dass das kleinere Männchen manchmal direkt die **Flucht** ergreift, sobald das größere Männchen seine Mundwerkzeuge öffnet. Wenn jedoch keines der beiden Männchen flieht, kommt es zum Kräftemessen. Dann packen und beißen sie sich gegenseitig mit ihren säbelartigen Mundwerkzeugen. Dieser Kampf dauert so lange, bis der Gewinner den Verlierer in die Flucht geschlagen hat. Der **Gewinner** hat dann die Chance, sich mit dem Weibchen zu paaren. In diesen Experimenten konnte auch gezeigt werden, dass das aggressive Verhalten der Männchen aufhört, sobald das Weibchen aus der Versuchsarena des Wissenschaftslabors entfernt wurde.

Dass die Männchen eigentlich friedlich sind und nur dann gegeneinander kämpfen, wenn eine potenzielle Partnerin in der Nähe ist, bringt einige Vorteile mit sich. Dieses Verhalten ist körperlich weniger anstrengend für die Männchen und birgt auch ein geringeres **Verletzungsrisiko**, als wenn die Männchen immer aggressiv wären und grundlos kämpfen würden.

Vielleicht kennst du auch solche Menschen, die sich plötzlich ganz anders verhalten, wenn eine bestimmte Person in der Nähe ist.

Die Liebe macht so manche Menschen zu Großflüglern und führt dazu, dass sie einer anderen Person, in welche sie verliebt sind, imponieren möchten.

FORTBEWEGUNG

Für die allermeisten Tiere ist es sehr wichtig, dass sie sich selbstständig von einem Ort zum anderen bewegen können. Für Insekten gilt dies natürlich auch – und sie sind wahre Fortbewegungs-Meister: Es gibt Insekten, die sind flink im **Krabbeln**, ein paar **springen** sehr weit und hoch, einige sind fantastische **Flieger**, manche können sowohl fliegen als auch **tauchen** und wiederum andere laufen oder **gleiten** sogar übers Wasser. Viel Spaß, aber nun schnall dich besser an, denn manche Insekten sind wirklich rasant unterwegs!

__Goldfliegen__ nutzen ihre Schwingkölbchen zur Stabilisierung des Fluges und für einen Turbostart. Zwischen den Komplexaugen befinden sich die zwei kurzen Antennen, mit denen die Fliege riechen kann.

Turbostart dank Schwingkölbchen

Vom Fliegen träumt die Menschheit schon immer. Hierbei träumen die meisten wohl eher von Vögeln als von Fliegen oder Schmetterlingen. Dabei waren die Insekten die **Vorreiter** des Fliegens und erhoben sich sogar noch vor den **Flugsauriern** in die Lüfte.

Unter den Insekten befinden sich einige Meister des Fliegens. In der Regel sind Fluginsekten mit **vier Flügeln** ausgestattet. Bei den Libellen ist das deutlich zu erkennen. Bei den **Zweiflüglern**, zu denen Mücken und Fliegen gehören, sieht man das nicht unbedingt, denn bei ihnen ist nur das vordere Flügelpaar deutlich ausgebildet. Hingegen ist das hintere Flügelpaar zu Schwingkölbchen entwickelt. Ein **Schwingkölbchen** sieht aus wie ein kleiner Stiel, an dessen Ende sich eine Verdickung befindet. Diese Schwingkölbchen stabilisieren den Flug. Manche Fliegen wie zum Beispiel Stubenfliegen oder **Goldfliegen** nutzen ihre Schwingkölbchen auch für einen **Turbostart**. Diese Fliegen bewegen ihre Schwingkölbchen, auch wenn sie nicht fliegen und nur krabbeln. Dadurch können sie im Durchschnitt fünfmal schneller abheben als andere Fliegen, welche ihre Schwingkölbchen nicht für den Flugstart nutzen.

Falls du mal erfolglos versuchst, eine Fliege zu fangen, dann hat diese Fliege ganz sicher einen Turbostart hingelegt.

Wusstest du?

Insekten nutzen ihre Flügel nicht nur zum Fliegen. Manche Insekten nutzen ihre Flügel auch:

- um Töne zu erzeugen, mit denen sie Partner oder Beute anlocken,
- um ihren Antennen die Duftstoffe einer Duftspur zuzuwedeln während der Navigation,
- als verhärtete Deckflügel, wodurch die Hinterflügel und der Hinterleib geschützt wird,
- als Tarnung,
- als Ventilator, um ihr Zuhause zu belüften.

Hummeln in Turbulenzen

Hier ist eine Flugabfolge von rudernden Flügelbewegungen der ***Hummelart Bombus impatiens*** *gezeigt. Die linke Hummel bewegt ihre Flügel gerade nach vorne mit den großen Flügelflächen nach oben und unten zeigend, während die mittlere ihre Flügel nach hinten bewegt, und dabei zeigen die großen Flügelflächen eher nach vorne und hinten. Die rechte Hummel bewegt ihre Flügel dann wieder nach vorne.*

Um zu fliegen, schlagen **Fluginsekten** mit ihren Flügeln. **Hummeln** können mit ihren Flügeln über 180-mal in der Sekunde schlagen. Dabei schlagen sie und andere Insekten ihre Flügel nicht nur auf und ab, sondern rudern mit ihren Flügeln. Durch die Flügelschläge werden auf der Flügeloberseite winzige **Luftwirbel** erzeugt. Dadurch entsteht ein Unterdruck auf der Oberseite der Flügel, welcher den Auftrieb verleiht. Aufgrund der speziellen Form eines Flugzeugflügels entsteht auch auf dessen Oberseite ebenfalls ein Unterdruck, der den Auftrieb gibt.

Die fliegenden Insekten sind allesamt sehr leicht, was ihnen bei Wind das Leben ziemlich schwer macht. Hummeln fliegen allerdings auf Futtersuche, auch wenn es windig ist. Sie behalten die Kontrolle über ihre Flugrichtung, indem sie während **Turbulenzen** öfter mit den Flügeln schlagen. Dadurch verringern sie die Zeit zwischen den einzelnen Flügelschlägen und können so schneller auf die wechselnden Bedingungen mit entsprechend angepassten Flügelschlägen reagieren. Geraten sie zum Beispiel in **Schieflage**, dann schlagen sie ungleichmäßig mit den Flügeln und erzeugen dadurch ungleichmäßigen Auftrieb. Das führt dazu, dass sie sich wieder in die bevorzugte Position drehen und ihren Flug stabilisieren können.

„Gemäß den **Gesetzen der Aerodynamik** kann eine Hummel aufgrund ihres hohen Körpergewichts und ihrer kleinen Flügel gar nicht fliegen. Die Hummel kennt die Gesetze der Aerodynamik nicht und fliegt trotzdem!"

(Unbekannt)

*Und sie fliegt doch – **Hummeln**, wie diese **Bombus impatiens**, können nicht nur fliegen, sondern dank ihrer biegbaren Flügel auch noch zusätzliche Lasten wie Pollen und Nektar im Flug transportieren.*

Das Hummel-Paradoxon – ein moderner Mythos!

Dass Hummeln fliegen können, hast du wahrscheinlich schon mit deinen eigenen Augen gesehen, aber warum können Hummeln das? Gelten die Gesetze der **Aerodynamik**, also der Lehre vom Verhalten von Körpern, wie zum Beispiel Flugzeugen, in der Luft etwa nicht für Hummeln? Können gemäß diesen Gesetzen tatsächlich Flügel mit der geringen Größe von Hummelflügeln gar nicht genügend **Auftrieb** erzeugen, um ein Objekt mit dem **Gewicht** einer Hummel zum Fliegen zu bringen?

Aber Hummeln funktionieren ganz anders als **Flugzeuge**! Sie haben nicht so starre, sondern recht **flexible** Flügel, die sich beim Flügelschlag verformen. Das ist ein großer Vorteil für ihren Flug. Eine Forscherin und ein Forscher haben in einer Studie die Flügel von Hummeln künstlich steifer gemacht und festgestellt, dass die Hummeln so deutlich weniger Gewicht tragen können. Mit **steiferen Flügeln** könnten sie in Wirklichkeit viel weniger Nektar in ihrem Magen und Pollen an ihren Hinterbeinen transportieren.

Die Gesetze der Aerodynamik gelten also auch für Insekten. Die Hummel kennt die Gesetze der Aerodynamik dennoch nicht und fliegt trotzdem – sogar mit zusätzlichem Ballast in Form von Nektar und Pollen. Die Erkenntnisse aus den Forschungen am Insektenflug werden genutzt, um **Drohnen**, also kleine, unbemannte Luftfahrzeuge, zu bauen und zu verbessern.

Der Rückwärtsflug der Libellen

Insekten beherrschen ein ganz besonderes Kunststück: Sie können, im Gegensatz zu den Vögeln – ausgenommen der flinken kleinen Kolibris – rückwärtsfliegen. Wissenschaftler und Wissenschaftlerinnen haben den Seerosenblattkäfer und auch einige Libellenarten bei ihrem **Rückwärtsflug** beobachtet. Sie haben festgestellt, dass die Insekten bei diesen Flugmanövern die vordere Seite ihres Körpers höher positionieren als die hintere. Die untersuchten **Libellen** haben ihren Körper beim Rückwärtsflug sogar senkrecht zum Horizont, also der Grenzlinie zwischen Himmel und Erde, aufgestellt. Interessanterweise wird der größere Anteil der Kraft, welche zum Rückwärtsflug benötigt wird, durch den **Aufschlag** der Flügel erzeugt. Beim **Vorwärtsflug** ist dies genau andersherum. Wie ist das möglich? Im Text „Hummel in Turbulenzen" hast du bereits erfahren, dass sich durch die Flügelschläge der Insekten **Luftwirbel** an der Flügeloberseite bilden, wodurch ein Unterdruck entsteht, der für Auftrieb sorgt. Beim Rückwärtsflug sind die Luftwirbel, welche durch den Flügelaufschlag erzeugt werden, stärker und stabiler als die Luftwirbel, die durch den Flügelabschlag gebildet werden. Dadurch entsteht im Vergleich zwischen Auf- und Abschlag ein größerer Auftrieb beim Flügelaufschlag. Durch diese spezielle **Körperhaltung** führt der Auftrieb, den die Flügel erzeugen, nicht zu einer Bewegung nach vorne, sondern nach hinten. Zusätzlich wird auch die Ausrichtung und die Bewegung der Flügel so angepasst, dass der entstehende Auftrieb die Insekten rückwärts in die Lüfte hebt.

Im Rückwärtsflug können die Libellen sogar Lasten tragen, die doppelt so schwer sind wie sie selbst.

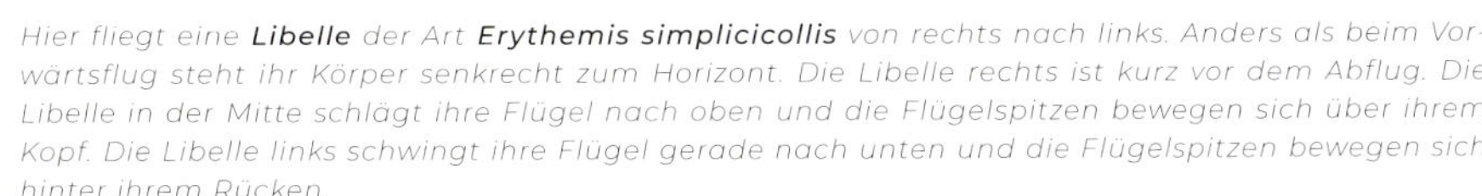

*Hier fliegt eine **Libelle** der Art **Erythemis simplicicollis** von rechts nach links. Anders als beim Vorwärtsflug steht ihr Körper senkrecht zum Horizont. Die Libelle rechts ist kurz vor dem Abflug. Die Libelle in der Mitte schlägt ihre Flügel nach oben und die Flügelspitzen bewegen sich über ihrem Kopf. Die Libelle links schwingt ihre Flügel gerade nach unten und die Flügelspitzen bewegen sich hinter ihrem Rücken.*

Per Wasserski auf Nahrungssuche

Seerosenblattkäfer ernähren sich, wie es ihr Name schon vermuten lässt, von Seerosenblättern. Sie leben auf und an den Teichen Europas. Auf der Suche nach Nahrung benutzen diese etwa sechs Millimeter großen Käfer eine ganz besondere Fortbewegungsart: **Wasserski!** Ähnlich wie Wasserläufer können sie auf dem Wasser stehen und bringen sich dort in die richtige Wasserski-Position: Sie heben ihre mittleren Beine in die Luft, damit diese die nachfolgenden Flügelschläge nicht behindern, und beginnen dann, mit den Flügeln zu schlagen. Hierbei erreichen sie Geschwindigkeiten von 116 Flügelschlägen pro Sekunde. Nun fliegen sie nicht los, sondern flitzen übers Wasser, da sie sich mit ihren **Krallen** unter der Wasseroberfläche verankern und so nicht abheben. Der Körper und die Beine der Seerosenblattkäfer sind mit verschiedenen hoch spezialisierten **Haaren** bestückt, welche ihnen eine stark wasserabweisende Eigenschaft verleihen. Lediglich die Krallen an den Füßen sind nicht wasserabweisend. So dringen zwar die Füße nicht ins Wasser ein, aber die Krallen befinden sich unterhalb der Wasseroberfläche und halten den Seerosenblattkäfer dort fest.

*Links ist ein **Seerosenblattkäfer** beim „Wasserskifahren" zu sehen. Sein mittleres Beinpaar ist dabei in die Luft gestreckt. Auf diese Weise sucht er nach Nahrung. Der **Taumelkäfer** vorne rechts hat seine kräftigen Ruderbeine unter seinem Körper angewinkelt. Die Taumelkäfer haben die Besonderheit, dass ihre Komplexaugen zweigeteilt sind. Die obere Hälfte ist perfekt an das Sehen in der Luft angepasst. Hingegen ist die untere Hälfte perfekt an das Sehen unter Wasser angepasst. Dadurch kann der Taumelkäfer gleichzeitig die Umgebung an der Luft und unter Wasser beobachten, wenn er an der Wasseroberfläche schwimmt.*

Obwohl Seerosenblattkäfer auch fliegen können, bevorzugen sie die Wasserskimethode für die Nahrungssuche. Es kostet sie zwar mehr Energie, da der Widerstand, dem ihre Krallen ausgesetzt sind, im Wasser größer ist als in der Luft – aber die Nahrungssuche scheint ihnen so leichterzufallen als während des Flugs.

Mit dieser Fortbewegungsmethode erreichen sie **Geschwindigkeiten** von bis zu drei Metern pro Sekunde. Sie legen also per „Wasserski" innerhalb einer Sekunde eine Strecke zurück, die etwa 50-mal ihrer eigenen Körperlänge entspricht. Ein 1,70 Meter großer Mensch müsste mit einer Geschwindigkeit von 306 Kilometern pro Stunde Wasserski fahren, um die gleiche Strecke in Beziehung zu seiner Körpergröße zurückzulegen. Das schaffen nicht mal Formel-1-Rennwagen oder die Concorde, ein **Überschall-Passagierflugzeug**! Fernando Reina Iglesias stellte im Jahr 2011 den Weltrekord im Barfuß-Wasserskifahren auf. Von einem Helikopter gezogen, raste er mit nackten Füßen übers Wasser, aber erreichte leider „nur" eine Geschwindigkeit von 246 Kilometern pro Stunde.

Rasante Taumelkäfer

Ebenfalls auf der Wasseroberfläche eines Teiches kann man die bis zu acht Millimeter großen Vertreter der Familie der **Taumelkäfer** entdecken. Ihren Namen verdanken sie ihrer rasanten und **kreisenden Fortbewegung** durchs Wasser. Ihre **Ruderbeine** sind mit einer Vielzahl von besonderen Fortsätzen besetzt, welche ausgeklappt oder an das Bein angelegt sein können. Während der Antriebsphase des Ruderns, also wenn die Beine von vorne nach hinten bewegt werden, sind diese **Fortsätze** aufgestellt und vergrößern dadurch die Oberfläche des Ruderbeins um bis zu 80 Prozent. Falls du schon einmal mit **Schwimmflossen** geschwommen bist, hast du am eigenen Leib gespürt, dass eine größere Fläche für mehr Antrieb sorgt. Während der antriebsfreien Phase des Ruderns, also wenn die Ruderbeine von hinten nach vorne bewegt werden, sind diese Fortsätze angelegt und dadurch verringert sich die **Beinoberfläche**, was diese Bewegung erleichtert. So kann ein 5,2 Millimeter großer Taumelkäfer eine maximale Schwimmgeschwindigkeit von 0,8 Metern pro Sekunde erreichen. Dieser Käfer schwimmt also innerhalb von nur einer Sekunde eine Strecke, die dem 154-fachen seiner Körperlänge entspricht. Der US-Amerikaner Michael Phelps ist ein 1,93 Meter großer ehemaliger **Schwimmprofi** und mit 28 gewonnenen Medaillen der erfolgreichste Sommerolympionik aller Zeiten. Würde er sechs Langbahnen zu je 50 Metern in nur einer Sekunde schwimmen, so käme er an die erstaunliche Schwimmleistung der Taumelkäfer heran. Jedoch schwamm er als Bestleistung zwei Langbahnen in „nur" 47,51 Sekunden – er müsste also 141-mal schneller sein.

Sprungrekorde

Wenn du an tierische Sprungtalente denkst, kommen dir vielleicht sofort Kängurus oder Frösche und nicht Schaben, Larven oder eine Schaumzikade in den Sinn.

Schaben sind als flinke Krabbler bekannt. Die im südafrikanischen Buschland beheimatete Schabe namens *Saltoblattella montistabularis* bewegt sich jedoch vorwiegend springend fort. Die 7,3 Millimeter große Schabe nutzt dafür – ähnlich wie die Wüstenheuschrecke – ihre großen, **kräftigen Hinterbeine**. Mit bis zu 19 Zentimetern Sprunghöhe und 35 Zentimetern Sprungweite springt die Schabe 48-mal so weit, wie ihr eigener Körper lang ist.

Aber auch manche beinlosen Insektenlarven können sehr weit springen! Die Larven einer **Gallmücken-Art** biegen ihren Körper so stark, dass sich ihr Kopf und Hinterleib berühren. Sie spannen sich ähnlich wie ein **Flitzebogen** und speichern so Energie für einen riesigen Sprung. Wusch, springt die Larve 30-mal weiter, als ihr eigener Körper lang ist. Das ist so, als würdest du ohne Anlauf (und ohne Beine) so weit springen, wie zwei Lkws mit Anhänger lang sind.

Hochsprungrekordhalter ist jedoch – Trommelwirbel – nein, nicht der Floh, sondern die 6,1 Millimeter große **Wiesenschaumzikade**. Um sich in Sprungposition zu begeben, strecken die Wiesenschaumzikaden ihre vorderen und mittleren Beine durch und richten dadurch den vorderen Teil ihres Körpers auf. Durch langsame Anspannung der **Hinterbeinmuskulatur**, die elf Prozent des Körpergewichts ausmacht, speichern sie die Energie für den Absprung. Dann werden die Hinterbeine blitzschnell durchgestreckt, wodurch die Zikade unglaublich beschleunigt und **Sprunghöhen** von bis zu 70 Zentimetern erreicht. Sie springt rund 115-mal höher, als sie selber lang ist.

Aufgepasst!

Die 1,80 Meter große Stefka Kostadinowa hält mit einer Höhe von 2,09 Metern den Hochsprung-Weltrekord der Frauen. Um die Höhe, die eine Wiesenschaumzikade im Verhältnis zu ihrer Körperlänge springt, zu übertreffen, müsste Stefka Kostadinowa rund 207 Meter überspringen – zum Vergleich, der Kölner Dom ist „nur" 157 Meter hoch.

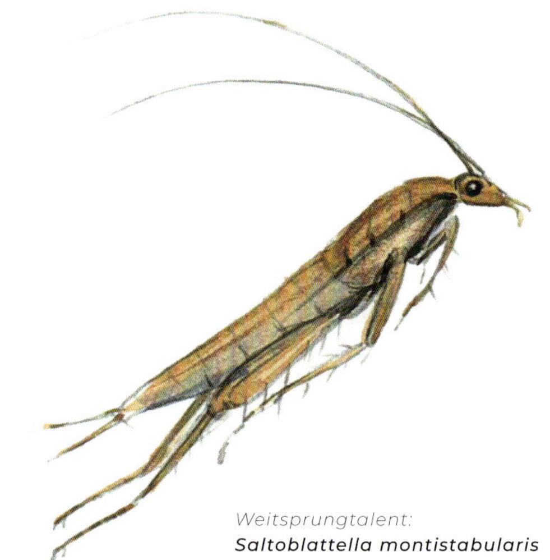

Weitsprungtalent:
Saltoblattella montistabularis

Beinloser Flitzebogen:
Gallmückenlarve

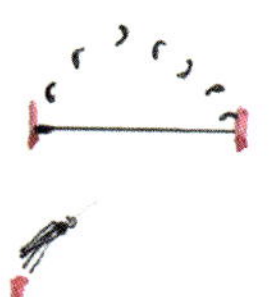

*Hier siehst du die relativen **Strecken**, die das jeweilige Insekt im Vergleich zu seiner Körpergröße bei einem Sprung zurücklegt.*

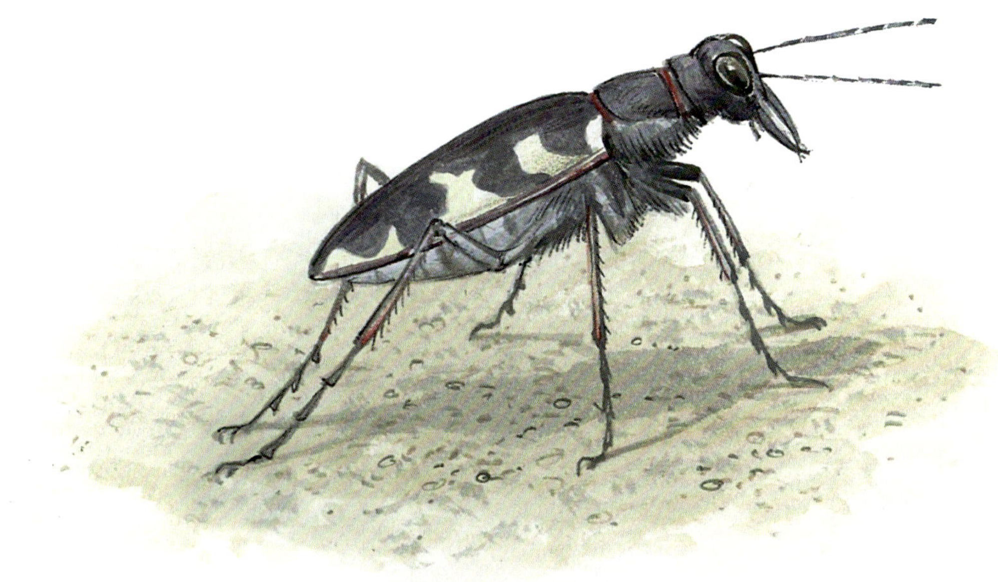

Sandlaufkäfer sind als schnelle Läufer bekannt.

Sprintende Sandlaufkäfer

Zugegeben, **Krabbeln** klingt erst mal nicht sonderlich spannend, aber unter den Insekten gibt es auch einige Vertreter, die in dieser Disziplin Erstaunliches leisten.

An australischen Salzseen leben verschiedene Sandlaufkäferarten. Zwei dieser Arten haben zwar Flügel, sind aber flugunfähig. Um andere Insekten zu jagen oder um zu fliehen, krabbeln sie – und zwar superschnell! Die **Sandlaufkäfer** der Art *Cicindela hudsoni* sind im Schnitt 20,8 Millimeter lang und gelten mit einer Spitzengeschwindigkeit von 2,49 Metern pro Sekunde als das schnellste krabbelnde Insekt der Welt. Die Sandlaufkäfer der Art *Cicindela eburneola* sind mit circa 10,9 Millimetern Körperlänge zwar kleiner, erreichen aber auch eine enorme **Spitzengeschwindigkeit** von 1,86 Meter pro Sekunde – das ist eine Strecke, die dem 171-fachen ihrer eigenen Körperlänge entspricht.

Hochsprungmeister: ***Wiesenschaumzikade***

Aufgepasst!

Im Jahr 2009 lief der 1,95 Meter große Usain Bolt 100 Meter in nur 9,58 Sekunden. Um wie die Sandläufer das 171-Fache ihrer Körpergröße in einer Sekunde zu laufen, müsste Usain Bolt 333 Meter in einer Sekunde sprinten. Zum Trost, selbst das schnellste Landtier der Welt, der Gepard, kann bei diesem Wettstreit nicht mithalten!

Der trockene Tauchgang der Salzfliegen

Am amerikanischen Natronsee Mono Lake lebt eine **Salzfliegenart**, welche nicht nur auf der Wasseroberfläche laufen kann wie Wasserläufer. Nein, diese Salzfliegen können sogar unter Wasser auf dem Grund des Sees laufen – ohne nass zu werden! Der **wasserabweisende Körper** der Salzfliege ist mit vielen kleinen **Härchen** bestückt und von einer **Wachsschicht** überzogen. Wenn die Salzfliegen ins Wasser hineinkrabbeln, wird Luft zwischen den wasserabweisenden Härchen gehalten, sodass kein Wasser in diese Zwischenräume eindringen kann und eine **Luftblase** die Salzfliege komplett umgibt. Die Luftblase dient der Fliege als Taucheranzug und -flasche zugleich, denn sie schützt die Fliegen nicht nur vor dem salzigen und basischen Wasser, sondern ermöglicht den Fliegen ebenfalls das Atmen. So können die Fliegen für bis zu 15 Minuten unter Wasser bleiben und in eine Tiefe von 8 Metern hinabkrabbeln. Unter Wasser legen sie ihre Eier ab und fressen Algen. Anschließend steigen sie pappsatt und trocken aus dem Wasser des Natronsees heraus.

*Im Vordergrund befinden sich zwei **Salzfliegen** der Art **Ephydra hians**. Die Salzfliege auf dem unteren Stein befindet sich unter Wasser. Sie ist komplett von einer Luftblase umschlossen. Die Salzfliegen sind die Leibspeise von Vögeln. Die **Kaliforniermöwe** hat eine besondere Jagdstrategie. Sie läuft mit geöffnetem Schnabel an der Küste entlang und dabei füllt sie ihren Schnabel mit aufgescheuchten Salzfliegen.*

LEBENSRAUM

Insekten besiedeln die unterschiedlichsten **Lebensräume**: Wir können sie über oder unter der Erde finden, auf oder im **Wasser** sowie auf oder in **Pflanzen** und sogar **Tieren**. Insekten leben an eisigen, aber auch an sehr heißen und trockenen Orten. So unterschiedlich, wie die verschiedenen Lebensräume sind, so unterschiedlich sind auch die einzelnen Insekten. Eines haben sie aber gemeinsam: Ihr Körperbau und ihr Verhalten sind perfekt an ihre Lebensweise und ihren Lebensraum angepasst. Bereite dich auf eine Entdeckungsreise um die Welt vor!

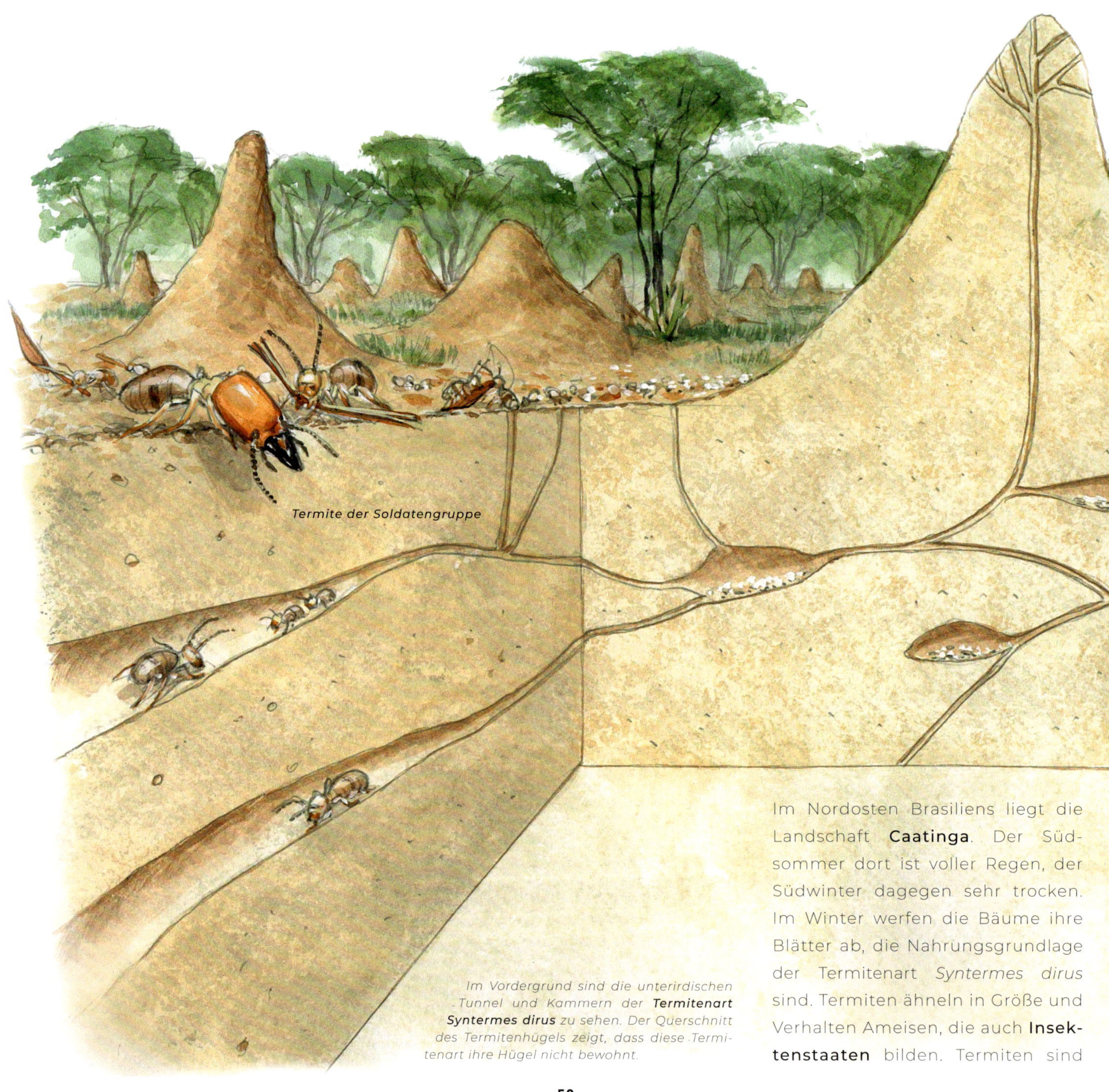

Termite der Soldatengruppe

Im Vordergrund sind die unterirdischen Tunnel und Kammern der ***Termitenart Syntermes dirus*** *zu sehen. Der Querschnitt des Termitenhügels zeigt, dass diese Termitenart ihre Hügel nicht bewohnt.*

Im Nordosten Brasiliens liegt die Landschaft **Caatinga**. Der Südsommer dort ist voller Regen, der Südwinter dagegen sehr trocken. Im Winter werfen die Bäume ihre Blätter ab, die Nahrungsgrundlage der Termitenart *Syntermes dirus* sind. Termiten ähneln in Größe und Verhalten Ameisen, die auch **Insektenstaaten** bilden. Termiten sind

Leben unter der Erde

aber näher mit den Schaben als mit den Ameisen verwandt. Bei den Ameisen und Termiten gibt es verschiedene Gruppen, die **Kasten** genannt werden und unterschiedliche Aufgaben haben: Die **Arbeitergruppe** sammelt Futter, pflegt den Nachwuchs und baut und repariert das Nest. Die **Soldatengruppe** verteidigt das Nest und seine Bewohner.

Manche Termitenarten haben ihre Nester, die aus vielen Gängen und Kammern bestehen, unter der Erde. Dort pflegen sie zum Beispiel ihre Eier und Larven und haben Vorratskammern. Die Termiten im Caatingawald haben das Erdreich erobert und ein gigantisches **Tunnelsystem** gegraben, das Kammern miteinander verbindet und zu Bäumen führt.

In der Nacht verlassen Termiten der Arbeitergruppe das Tunnelsystem durch einen nur für diesen Ausflug neu gebauten Ausgang und sammeln die leckeren Blätter an der Erdoberfläche. Dabei werden sie von Termiten der Soldatengruppe bewacht. Bei drohender **Gefahr** nutzen diese ihre Mundwerkzeuge als Waffe und beißen. Nach getaner Arbeit kehren sie in das Tunnelsystem zurück und verschließen den Ausgang wieder. So können keine ungebetenen Gäste in das Nest gelangen.

Ihr weitverzweigtes Tunnelsystem ermöglicht ihnen, so wenig Zeit wie möglich außerhalb des Nestes zu verbringen. So sind sie vor Fressfeinden **geschützt**. Beim Graben der Tunnel und Kammern transportieren die Termiten die **überschüssige Erde** zum Abladen an die Oberfläche. So entstanden immer größere **Erdhügel**, die bis zu vier Meter hoch und neun Meter breit sein können. So hat diese Termitenart in dem Caatingawald bis heute auf über 230 000 Quadratkilometern circa 200 Millionen Erdhügel errichtet, die jeweils durchschnittlich 20 Meter voneinander entfernt sind. Diese Fläche entspricht ungefähr der Größe von Großbritannien und hat so viel gehäufte Erde, dass diese rund 4 000 **Cheops-Pyramiden** füllen könnte. Manche dieser Hügel könnten bis zu 3 820 Jahre alt sein.

Damit wären die Erdhügel sogar älter als die Cheops-Pyramide in Ägypten – ein wahres Insekten-Weltwunder im Caatingawald!

Leben unter der Wasseroberfläche

In Teichen und Seen kannst du ober- und unterhalb der Wasseroberfläche Insekten entdecken. **Rückenschwimmer** sind eine Familie der Wasserwanzen und verbringen einen Großteil ihres Lebens unter Wasser. An Land wirkt ihre Fortbewegung sehr unbeholfen, aber sie können auch fliegen und sind hervorragende Schwimmer. Mit ihren langen Hinterbeinen rudern sie flink durchs Wasser und jagen kleine Tiere wie zum Beispiel Insekten oder Kaulquappen. Wie ihr Name schon vermuten lässt, schwimmen, oder besser gesagt, tauchen sie in Rückenlage tief unter Wasser – ihr Bauch zeigt hierbei nach oben in Richtung der Wasseroberfläche. Das hängt mit ihrer besonderen **Atemtechnik** zusammen. Hierzu tauchen sie zur Wasseroberfläche auf und durchstoßen diese mit ihrem Hinterleib. Eine Blase frischer Atemluft wird dann am Bauch durch wasserabweisende Haare eingeschlossen und mit auf ihre Tauchgänge genommen. Sie nehmen also wie wir Menschen eine kleine **„Sauerstoffflasche"** zum Atmen mit. Durch die Tracheenöffnungen am Bauch kann diese frische Luft auch unter Wasser geatmet werden.

Da der Rückenschwimmer mehr und mehr Sauerstoff aus der **Luftblase** einatmet, nimmt die Sauerstoffkonzentration in der Blase ab. Dadurch diffundiert aus dem Wasser Sauerstoff in die Blase zum Ausgleich. So wird während eines Tauchgangs ein Teil des verbrauchten Sauerstoffs aus dem Wasser in die Luftblase aufgenommen, wodurch der Tauchgang verlängert wird. Bei Arten wie der *Anisops deanei* können das **„Luftholen"** weniger als eine Sekunde und der Tauchgang mehrere Minuten dauern.

Die Luftblase dient den Rückenschwimmern aber nicht nur als Taucherflasche, sondern erhöht auch den Auftrieb der Rückenschwimmer, so werden sie „leichter" und sinken nicht zu Boden, sondern können für eine gewisse Zeit scheinbar **schwerelos** im Wasser bleiben.

Wusstest du?

Skorpionswanzen sind eine andere Familie der Wasserwanzen und besitzen ein Atemrohr, mit dem sie wie mit einem Schnorchel unter Wasser atmen können.

Manche Insektenlarven leben unter Wasser und besitzen Kiemen, dank derer sie im Wasser atmen können.

Zum Atmen durchstoßen Rückenschwimmer, wie die Art ***Gemeiner Rückenschwimmer****, die Wasseroberfläche mit ihrem Hinterleib. Atemluft wird in Form einer Luftblase am Bauch durch wasserabweisende Haare eingeschlossen.*

Leben auf und in Pflanzen

Viele Insekten leben auf Pflanzen. Dort finden sie zum einen **Schutz**, zum anderen auch **Nahrung** in Form von Nektar, Früchten, Blättern oder Pflanzensaft.

In der ostafrikanischen Savanne gibt es Ameisenarten, die eine besondere Beziehung zu Pflanzen haben – genauer zu **Akazienbäumen**. Dort leben die Ameisen und Akazien in einer **Symbiose** miteinander. Das bedeutet, ihr Zusammenleben ist auf gegenseitige Vorteile ausgelegt. So bietet die Akazie der **Ameisenkolonie** Kost und Logis, also Essen und Unterkunft. Das heißt, dass der Baum einen Nektar produziert, von dem sich die Ameisen ernähren. Zusätzlich können die Ameisen in den Dornen der Akazien Höhlen bauen. In diesen Höhlen finden die Ameisen Schutz und können ihre Eier und Larven pflegen und aufziehen. Als Gegenleistung verteidigen die Ameisen die Akazie gegen Pflanzenfresser. Kleine Pflanzenfresser wie Käfer werden von den Ameisen der Soldatengruppe angegriffen. Aber auch große Pflanzenfresser wie Ziegen oder Elefanten sind vor einer **Ameisenattacke** nicht sicher. Beim Abreißen der Blätter und dem damit verbundenen Zurückschwingen des Zweiges erzeugen die großen Pflanzenfresser Erschütterungen, welche sich über alle Äste der Akazie ausbreiten. Die Ameisen überall auf der Akazie spüren nicht nur diese **Vibrationen**, sondern können auch sagen, woher diese Erschütterung kommt. Sofort alarmiert, strömen sie dann aus den Dornenhöhlen und patrouillieren auf der Akazie. Gelangen sie zu dem großen Fressfeind, stürmen sie auf dessen Körper und attackieren ihn. Ohne die

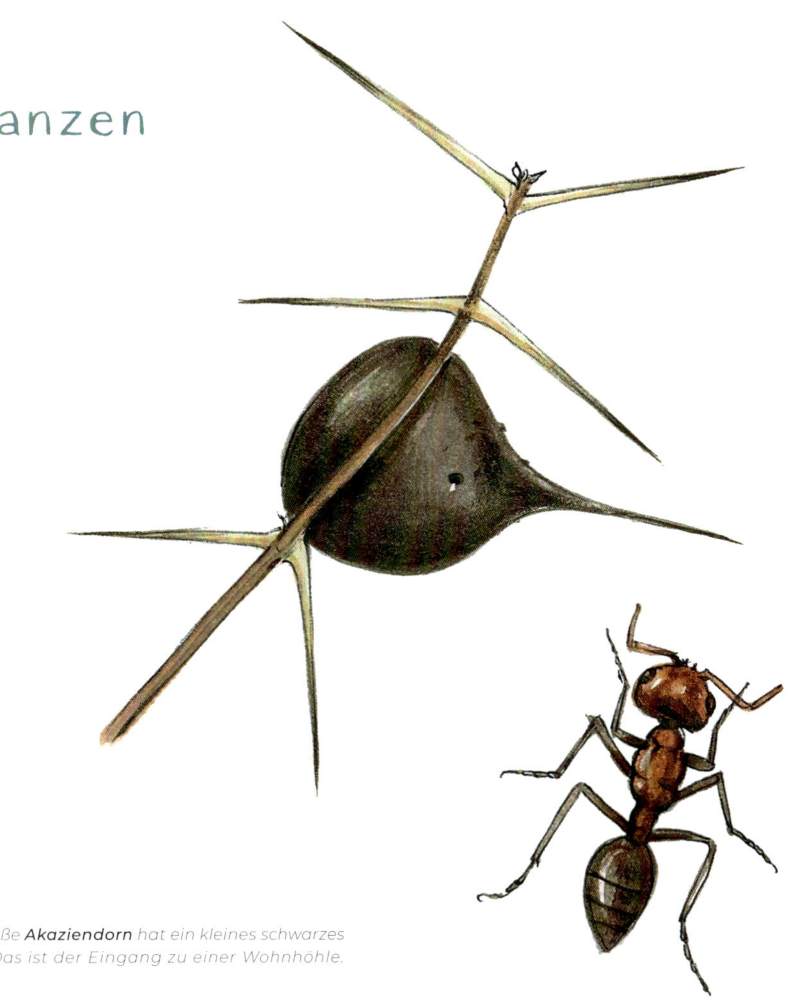

*Der große **Akaziendorn** hat ein kleines schwarzes Loch. Das ist der Eingang zu einer Wohnhöhle.*

*Das Zusammenleben bestimmter **Akazien** und **Ameisen**, wie der Art **Crematogaster mimosae**, ist von Vorteil für beide Arten.*

Hilfe der Ameisen sind die Akazien schutzlos Elefanten ausgeliefert. Die Anzahl an beschädigten Bäumen erhöht sich ohne Ameisenschutz um das Siebenfache.

Auch Wind bewegt die Blätter und Äste der Akazie. Die Ameisen können aber zwischen den verschiedenen Vibrationen unterscheiden. Sie reagieren daher gar nicht erst auf die durch den Wind erzeugten Erschütterungen. Vielmehr neigen sie dazu, bei starkem Wind nicht auf der Akazie für die Wache auf- und abzugehen, sondern suchen Schutz in ihren Dornenhöhlen. Dieses perfekte **Zusammenleben** muss aber nicht ewig halten. In einem Experiment wurden große Pflanzenfresser durch Zäune von den Akazien ferngehalten. Nach zehn Jahren ohne die Anwesenheit von Ziegen oder Elefanten, welche die Akazien schädigen könnten, brauchten sie keinen Schutz mehr, und die Bäume verringerten den produzierten Nektar und bildeten kleinere Dornen aus. Dies führte dazu, dass die Ameisen verschwanden – für sie gab es keine Nahrung und auch kein Dach über dem Kopf mehr. Das Leben ohne Ameisen war für die Akazien aber nicht besser geworden, im Gegenteil: Nun hatten die kleineren Pflanzenfresser wie Käfer freie Bahn und schädigten die Akazien ungestört. Die Akazien wuchsen langsamer und hatten eine doppelt so hohe Sterberate im Vergleich zu den Bäumen, welche mit den Ameisen in Symbiose leben.

Leben auf und in Tieren

Das Kalamaili-Naturreservat in China ist bekannt für wenig Regen und einen strengen sowie langen Winter. In dieser Wüstensteppe wurden die fast ausgestorbenen **Przewalski-Pferde** wieder angesiedelt. Und dies ist auch der Lebensraum einiger **Dasselfliegen** – nein, die Wüstensteppe ist nicht gemeint, sondern die Przewalski-Pferde!

Die meist stark behaarten Dasselfliegen sind in Pferde- oder Schafställen gefürchtet. Zur Familie der Dasselfliegen gehören die Unterfamilien der Hautdasseln, Nasendasseln, Rachendasseln und Magendasseln. Es gibt Dasselfliegenarten, bei denen verbleiben die **Eier** im Körper der Mutter und werden nicht gelegt. Die Larven schlüpfen somit aus den Eiern innerhalb der Mutter. Manche dieser Dasselfliegenarten „schießen“ dann wortwörtlich ihre Larven in die Nasen von zum Beispiel Pferden oder Schafen. Im Nasenraum (Nasendasseln) oder im Rachenraum (Rachendasseln) wachsen die Larven anschließend heran. Bei einigen Hautdasselarten schlüpfen die Larven aus Eiern, welche auf das **Fell** des Wirtes gelegt werden. Diese Larven graben sich in die Haut dieses Lebewesens ein, das ihnen fortan als Lebensraum dient. Alle diese Larven ernähren sich vom **Wirt** und verlassen ihr neues Zuhause erst kurz vor dem Puppenstadium wieder.

Die Przewalski-Pferde leiden besonders stark unter einer speziellen Art der Magendasseln – *Gasterophilus pecorum*. Die Weibchen dieser Art legen ihre Eier auf **Grashalmen** ab. Frisst das Pferd nun dieses Gras, nimmt es auch die Eier mit auf. Aus den Eiern schlüpfen dann Larven, die in den Pferdemagen gelangen und dort weiter heranwachsen. Im Pferdemagen setzen sich die Larven an der Magenwand fest und ernähren sich als **Parasit** vom Pferd, das ihnen als sogenannter Wirt dient. Dies verursacht beim Pferd unter anderem Entzündungen und Geschwüre. Anders als bei einer Symbiose ist das Zusammenleben von Dasselfliegen und Pferden nicht auf gegenseitige Vorteile ausgelegt. Ganz im Gegenteil, die Pferde haben nur Nachteile und die Dasselfliegen die alleinigen Vorteile von dieser Beziehung.

Nach bis zu zehn Monaten ist die Larve bereit für die **Verpuppung** und verlässt das Verdauungssystem des Przewalski-Pferdes wieder. Inmitten eines Pferdeapfels fällt die Larve zu Boden. Anschließend gräbt sie sich in die Erde ein und verpuppt sich dort. Diese **Wirt-Parasit-Verbindung** von Pferd und Fliege ist in dem Naturreservat nicht selten. In gewissen Monaten fanden Forscherinnen und Forscher in etwa jeder zweiten Portion Pferdeäpfel eine Dasselfliegenlarve.

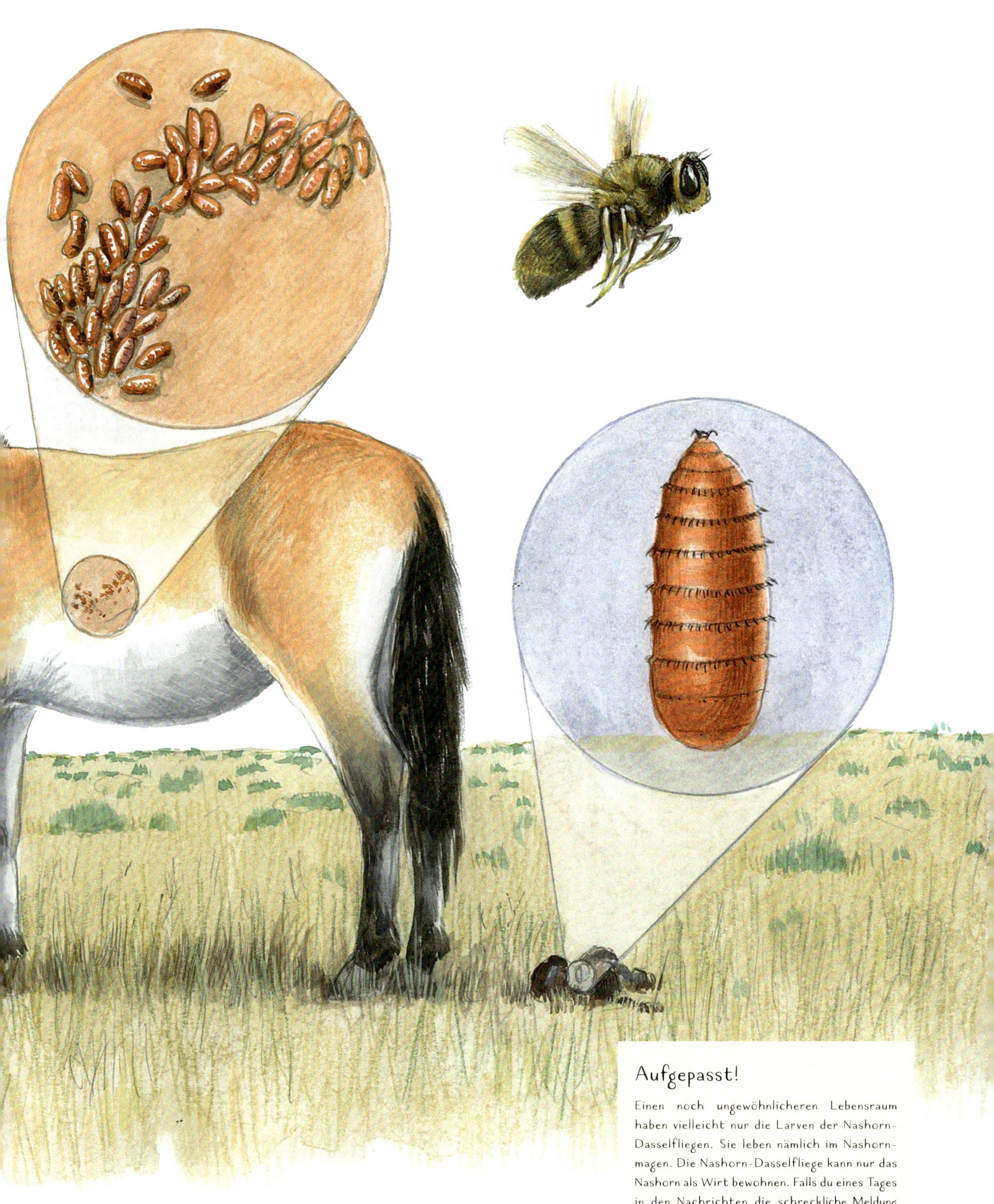

Oben rechts fliegt eine vergrößerte weibliche **Magendassel** der Art ***Gasterophilus pecorum***. Ihre Eier legen die Weibchen dieser Art auf Grashalmen ab, die **Przewalski-Pferde** fressen. Im Pferd schlüpfen die Larven aus den Eiern. Im Pferdemagen setzen sich die Larven an der Magenwand fest und ernähren sich vom Pferd. In einem Pferdeapfel verlassen die Larven ihren Wirt wieder. Rechts siehst du die Vergrößerung einer zur Verpuppung bereiten **Larve**.

Aufgepasst!

Einen noch ungewöhnlicheren Lebensraum haben vielleicht nur die Larven der Nashorn-Dasselfliegen. Sie leben nämlich im Nashornmagen. Die Nashorn-Dasselfliege kann nur das Nashorn als Wirt bewohnen. Falls du eines Tages in den Nachrichten die schreckliche Meldung vom Tod des letzten Nashorns erfahren solltest, dann kannst du dir sicher sein, dass somit nun auch leider die Nashorn-Dasselfliegen aussterben werden – oder bereits ausgestorben sind.

Leben in der kalten Antarktis

Eine Wüste der anderen Art befindet sich auf dem Kontinent Antarktika – eine **Eiswüste**. Mit einer Oberflächentemperatur von ungefähr – 99 Grad Celsius und einer Lufttemperatur von etwa – 94 Grad Celsius liegt in der Antarktis der kälteste Ort unserer Erde. Jedoch liegt nicht die komplette Landmasse unter einem Eisschild. An der Westküste der antarktischen Halbinsel gibt es die Forschungsstation **Palmer-Station**, die im Südsommer sogar Temperaturen über dem Gefrierpunkt aufzeichnet. Die Palmer-Station misst eine durchschnittliche Jahrestemperatur von – 2,2 Grad Celsius. Mit durchschnittlich + 1,7 Grad Celsius ist der Januar in der Regel der wärmste und mit – 8,3 Grad Celsius ist Juli der kälteste Monat. Hier findet man auch das größte einheimische, dauerhaft an Land lebende Tier Antarktikas – die antarktische **Zuckmückenart** *Belgica antarctica*. Die ausgewachsenen Insekten sind schwarz, flügellos und bis zu sechs Millimeter groß. Sie leben nur etwa zwei Wochen. Das Larvenstadium hingegen dauert zwei Jahre. Man findet die Larven in Gräsern, Moosen oder im Boden. Sie ernähren sich unter anderem von Pflanzenresten und Kleinstlebewesen wie Algen. Die Larven **überwintern** für bis zu neun Monate nur wenige Zentimeter tief im Boden eingegraben. Hier liegen die Temperaturen aufgrund von einer schützenden Schnee- und Eisdecke auch im Südwinter bei 0 Grad Celsius bis – 3 Grad Celsius und fallen nur selten unter – 7 Grad Celsius. Diese Minusgrade überstehen die Larven durch ihre speziellen Fähigkeiten: eine **„kälteschützende Austrocknung“** und eine **„Gefrierverträglichkeit“**. Als Insekten sind auch die antarktischen Zuckmücken **wechselwarme Tiere**. Wasser gefriert bei einer Temperatur unter 0 Grad Celsius, weshalb die Mückenlarve mit der „kälteschützenden Austrocknung“ den **Gefrierpunkt** ihrer Körperflüssigkeiten herabsetzt. Dieser Gefrierpunkt kann von den normalen etwa – 0,6 Grad Celsius auf bis zu – 4,9 Grad Celsius absinken, sodass die Larven nicht einfrieren. Ihre **Körperflüssigkeiten** bestehen aus Wasser und Stoffen wie zum Beispiel Zuckern. Die Larven sind aber in der Lage, über 60 Prozent des Wassers aus ihrem Körper an die Umgebung abzugeben. Dadurch verringert sich der Wasseranteil der Körperflüssigkeiten, was dazu führt, dass sich die Konzentration gewisser Stoffe wie von Zuckern in den Körperflüssigkeiten erhöht. Die Konzentration wird noch weiter erhöht, da die Larven zusätzlich weitere dieser Stoffe produzieren. Dies wirkt wie ein **Gefrierschutzmittel** und senkt den Gefrierpunkt der Körperflüssigkeiten auf – 4,9 Grad Celsius ab. Jedoch besitzen die Larven auch eine gewisse Gefrierverträglichkeit und können das Einfrieren überleben, das jedoch zu **Gewebeschäden** führt. Diese Schäden sind aber nicht allzu groß, wenn das Einfrieren nicht zu plötzlich passiert und die Larven Zeit haben, sich daran zu gewöhnen. Das wurde mit **Experimenten** bewiesen, bei denen die Larven zuerst für zwei Stunden bei – 5 Grad Celsius gehalten wurden, bevor sie für 24 Stunden einer Temperatur von – 9 Grad Celsius ausgesetzt wurden. Dank dieses Temperatur-Zwischenschritts erholten sich die Larven schneller nach dem Auftauen als Larven, die für 24 Stunden direkt bei – 9 Grad Celsius eingefroren wurden.

Links sind zwei erwachsene antarktische **Zuckmücken** der Art ***Belgica antarctica*** bei der Paarung zu sehen. Während der Paarung sind sie mit ihren Hinterleibern verbunden. Das Weibchen befindet sich links und das Männchen rechts. Vorne rechts im Bild ist eine **Larve** im Moos zu entdecken.

Leben in der heißen Sahara

Die größte und vielleicht berühmteste **Trockenwüste** der Welt ist die Sahara in Nordafrika, wo Wüstentiere wie die **Duméríls Fransenfingereidechse** perfekt an das Leben in dieser heißen und trockenen Umgebung angepasst sind. Im Sommer zu den Mittagsstunden kann die Oberflächentemperatur hier leicht 60 Grad Celsius übersteigen. Dann ist die Gefahr, durch Hitze und Austrocknung zu sterben, am größten.

Die ***Duméríls Fransenfingereidechse*** *ernährt sich von den Silberameisen.*

Darum verbringen die Wüstenbewohner die heißesten Stunden des Tages gut geschützt in ihren **Wohnhöhlen**. Aber genau zu diesem Zeitpunkt und auch nur genau dann, verlassen Hunderte **Silberameisen** explosionsartig ihr Nest und gehen auf Futtersuche. Silberameisen sind **Aasfresser** und suchen Nahrung in Form von verendeten Gliederfüßern wie Fliegen. Ein Vorteil der Futtersuche bei dieser **Hitze** ist, dass die Silberameisen unbemerkt und konkurrenzlos auf Nahrungssuche gehen können. Die Futtersuche darf aber nur zehn Minuten dauern, sonst können die Ameisen diese Temperatur nicht mehr aushalten und sterben außerhalb des Nestes. Wie alle Insekten sind auch Silberameisen **wechselwarme Tiere**. Das heißt, ihre Körpertemperatur gleicht sich der Umgebungstemperatur an. Silberameisen überleben eine Körpertemperatur von etwa 54 Grad Celsius, die etwas niedriger ist als die Außentemperatur. Wie schaffen es die Ameisen, bei dieser Hitze auf Futtersuche zu gehen und nicht selbst zu sterben?

Ganz einfach, ihr Körper ist perfekt an diese Lebensweise angepasst: Silberameisen besitzen spezialisierte **Haare** auf ihrem Körper, die das Sonnenlicht reflektieren. Dadurch erhitzen die Ameisen selbst nicht so schnell und glänzen silbrig, woher auch ihr Name stammt. Sie kühlen sich auf kleinen Pflanzen oder Gräsern ab und haben längere **Beine** als andere Ameisen, weshalb sich ihr Körper etwa vier Millimeter über dem heißen Sand befindet, wo die Temperatur etwas niedriger ist. Sie bewegen ihre Beine **synchron**, sodass das Vorder- und Hinterbein der einen und das Mittelbein der anderen Körperhälfte beinahe zeitgleich vom heißen Sand in die kühlere Luft abheben. Und das alles wahnsinnig **schnell** – sie können pro Sekunde 8,55 Zentimeter laufen und dabei bis zu 47 Schritte zurücklegen, wobei sie bei jedem Schritt nur sieben Millisekunden den Boden berühren.

Ein wahres Leben am Limit!

Zu Recht gilt die Silberameise als eines der hitzetolerantesten Tiere unserer Erde.

Silberameisen *sind perfekt an das Leben bei 60 Grad Celsius angepasst.*

Leben auf den Ozeanen

Nur fünf Insektenarten leben auf dem offenen Ozean. Die ***Meerwasserläuferart Halobates germanus*** *ist eine davon. Sie sind perfekt angepasst an das Leben auf hoher See. Droht ein Angriff von Vögeln oder Fischen, so katapultiert sich der Meerwasserläufer mehrere Körperlängen senkrecht in die Luft und landet wieder sanft auf der Wasseroberfläche, ohne ins Wasser einzutauchen.*

Über 70 Prozent der Erdoberfläche sind von den Meeren bedeckt, also den Ozeanen und ihren Nebenmeeren. Den größten Lebensraum der Erde, die Ozeane, bewohnen nur fünf Meerwasserläuferarten (0,0005 Prozent) von den etwa eine Million bekannten Insektenarten unserer Erde. Ja, es sind nur fünf! Alle gehören zu der Familie der **Wasserläufer** und bilden die Gattung Meerwasserläufer. Im Vergleich zu den Wasserläufern, die du vielleicht von kleinen Teichen, Seen oder ruhig fließenden Bächen und Flüssen kennst, müssen die Meerwasserläufer regelmäßig Sturm, hohen Wellengang und starke Strömungen überstehen. Eine dieser Meerwasserläuferarten trägt den Namen *Halobates germanus*.

Die Vertreter dieser Art überstehen diese rauen Bedingungen durch verschiedene Anpassungs-Strategien. So sind sie kleiner, leichter und besitzen einen eher kurzen Körper im Vergleich zu ihren länglichen Süßwasser-Verwandten. Ihr Körper ist dicht übersät mit verschiedenen hoch spezialisierten **Haaren**, welche ihnen eine super wasserabweisende Eigenschaft verleihen. Auf ihren langen Beinen stehen sie auf der Wasseroberfläche, ohne ins Wasser einzudringen. Dies wird durch die **Oberflächenspannung** des Wassers ermöglicht.

Falls sie doch einmal unter die Wasseroberfläche geraten, bleibt eine **Luftschicht** um ihren Körper bestehen, welche durch spezialisierte Haare gehalten wird. So kann der Meerwasserläufer nicht nur unter Wasser weiteratmen, sondern diese Luftschicht wirkt auch ähnlich wie eine **Rettungsweste** und erhöht den Auftrieb des Insekts. Zurück an der Wasseroberfläche, perlen die Wassertropfen von seinem super wasserabweisenden Körper ab. Anschließend reibt der Meerwasserläufer sich mit einem selbst produzierten Wachs ein, das auch die wasserabweisende Eigenschaft seines Körpers erhöht. Diese Körperpflege befreit ihn nicht nur von Wasser und Schmutz, sondern bringt seine spezialisierten Haare wieder in die optimale Position. Dank dieser erstaunlichen Verhaltensweisen und Eigenschaften können die Meerwasserläufer auf den Ozeanen leben.

Leben in der trockenen Atacama-Wüste

Die südamerikanische **Atacama-Wüste** in Chile ist eine der trockensten Gegenden der Erde. An manchen Stellen gab es bereits seit mehreren Jahren keinen Regen mehr. Die Atacama-Wüste ist so trocken, dass in ihrer Mitte keine Pflanzen oder Tiere leben – keine Tiere bis auf die **Maindronia**. Die Gattung Maindronia gehort zur Unterklasse der Fischchen und ist verwandt mit den dir vielleicht bekannten Silberfischchen oder Ofenfischchen. Maindronia sind mit einer Körperlänge von über zwei Zentimetern jedoch deutlich größer als die bis zu elf Millimeter kleinen Silber- oder Ofenfischchen. Zusätzlich besitzen Maindronia noch drei lange **Schwanzanhänge**, welche jeweils länger als der Körper sind. In der Atacama-Wüste findet man sie zum Beispiel unter Steinen, Salz- und Gipskrusten. Wie die Maindronia genügend Flüssigkeit aufnehmen und was auf ihrem **Speiseplan** steht, ist jedoch noch nicht vollends erforscht. Da keine anderen Tiere im Zentrum der Atacama-Wüste beobachtet wurden, ist es eher unwahrscheinlich, dass sie andere Tiere jagen und fressen oder sich als Parasit von ihnen ernähren. Vermutlich ernähren sie sich von abgestorbenen Pflanzenresten, die vom Wind in das Innere der Atacama-Wüste geweht werden, und von Kleinstlebewesen wie Bakterien.

Nur wenige Arten der Maindronia sind bisher bekannt. Die unterschiedlichen Arten ähneln sich sehr und man findet sie in sehr trockenen Lebensräumen in Afrika, Asien und in Südamerika. Diese weite Verbreitung ist ungewöhnlich für so nah verwandte Arten und spricht dafür, dass die Vorfahren der Maindronia schon auf dem Großkontinent **Gondwana** gelebt haben. Gondwana ist ungefähr vor 600 Millionen Jahren entstanden und begann vor etwa 150 Millionen Jahren auseinanderzubrechen.

Maindronia *findet man in sehr trockenen Gebieten der Erde. Das auffälligste Merkmal der Maindronia sind ihre drei langen Schwanzanhänge. Diese sind länger als der Rest des Körpers.*

ERNÄHRUNG

Wie alle Lebewesen müssen auch Insekten etwas essen. Unter den Insekten gibt es viele verschiedene Ernährungsweisen. Es gibt **Vegetarier**, die sich nur von pflanzlicher Nahrung ernähren. Oder es gibt Insekten, welche andere **Tiere fressen** oder ihr Blut trinken. Manche ernähren sich sogar von **Aas**, also toten Tieren, oder **Kot**. Und wiederum andere Insekten betreiben eine Art **Landwirtschaft**. Auf den folgenden Seiten erfährst du etwas über die außergewöhnlichen Ernährungsgewohnheiten einiger Insekten und siehst, welche erstaunlichen Strategien manche von ihnen haben, um an Essen zu kommen. Bon appétit!

Pillendreher

Es gibt tatsächlich sehr viele Insekten, die sich vom Kot anderer Tiere ernähren. Ein frischer Kothaufen kann viele Nährstoffe enthalten und verschiedene Insekten anlocken, wie zum Beispiel **Pillendreher**. Diese Käfer formen aus dem Kot anderer Tiere eine **Kugel** und rollen diese schnell in einer geraden Linie fort, damit kein anderer **Kotfresser** die „köstliche" Kugel klaut. Dabei macht der Käfer einen **Handstand** mit seinen Vorderbeinen und schiebt die Kugel rückwärtskrabbelnd mit seinen Hinterbeinen. Anschließend wird die Kotkugel im Boden vergraben. Die vergrabenen Kotkugeln dienen als **Nahrungsvorrat** oder als eine Art nahrhaftes Nest für den Nachwuchs. Die weiblichen Pillendreher legen ihre Eier in diesen versteckten Kotkugeln ab. Dort wachsen die schlüpfenden Larven wohlbehütet heran und essen die Kugel nach und nach auf.

Die Pillendreher müssen sich beim **Fortschaffen** der Kotkugel sehr beeilen, denn wenn sie zu viel Zeit benötigen, könnten entweder andere Kotfresser auftauchen oder die Kugel könnte **austrocknen**. Und ausgetrockneter Kot eignet sich nicht mehr als Nahrungsquelle fur die Larven. Darum ist es für die Pillendreher sehr wichtig, dass sie die Kotkugel erfolgreich in einer geraden Linie fortrollen und nicht etwa im Kreis laufen und dadurch wertvolle Zeit verschwenden. Wie sich die Pillendreher beim Rollen ihrer wertvollen Fracht orientieren, erfährst du auf Seite 74 im nächsten Kapitel „Navigation".

*Die nachtaktive **Pillendreherart Scarabaeus satyrus** rollt rückwärts im Handstand eine „leckere" **Kotkugel** fort.*

Nebeltrinker

Nebeltrinker-Käfer gehören zu der Familie der Schwarzkäfer und leben in der Namib-Wüste, einem der trockensten Orte der Erde. Die Namib liegt an der südwestafrikanischen Küste. An dieser Küste fließt der von der Antarktis kommende und vergleichsweise kalte Benguela-Strom vorbei. Das kalte Wasser führt dazu, dass sich in Küstennähe kaum Regen, aber regelmäßig morgendlicher **Nebel** bildet. Diesen nutzen die Nebeltrinker-Käfer, um, wie ihr Name schon sagt, zu trinken. Hierzu klettern sie auf Sanddünen, richten ihren Körper zur Windrichtung aus und machen eine Art **Kopfstand**. Die Feuchtigkeit des Nebels bleibt am Körper der Nebeltrinker hängen und läuft diesen in Form von Tropfen zum Käferkopf herunter. Der Käfer trinkt so tropfenweise das Nebelwasser.

Ein paar andere in der Namib lebende Schwarzkäferarten nutzen nicht ihre Körper, sondern **Bauwerke** aus Sand als **Nebelfänger**. Diese Arten bauen Gräben parallel zur Windrichtung. An den Seiten dieser Gräben entstehen Wälle aus aufgehäuftem Sand. An diesen Sandwällen bleibt Wasser aus dem Nebel hängen und kann von den Schwarzkäfern getrunken werden.

Der ***Nebeltrinker-Käfer Onymacris unguicularis*** *ist in seiner typischen Position beim Nebeltrinken zu sehen. Am Körper der Nebeltrinker bleiben Wassertröpfchen des Nebels hängen und laufen an seinem Körper runter zum Mund.*

Wusstest du?

Der Mensch nutzt dieses Wissen, um Trinkwasser in trockenen Gegenden zu sammeln.

Auch anderen Tieren und Pflanzen dient Nebel als Wasserquelle. Sogar wir Menschen nutzen in trockenen Gebieten Nebel zur Trinkwassergewinnung. So stellen wir zum Beispiel optimal zur Windrichtung ausgerichtete Spezialnetze als Nebelfänger auf. Das Prinzip kennst du ja schon von den Schwarzkäfern: Die Wassertröpfchen des Nebels bleiben an den Maschen der Netze hängen und laufen in einen Wassertank. So lassen sich an einem Tag mehrere Liter Trinkwasser pro Quadratmeter des Netzes gewinnen. Ein sehr erfolgreiches Projekt wurde in einem Dorf in Chile durchgeführt. Das System produzierte im Durchschnitt täglich 50 Liter Trinkwasser für jeden der 300 Dorfbewohner. Zum Vergleich: In Deutschland liegt der Wasserverbrauch pro Person und Tag bei 120 bis 130 Liter.

Von den Schwarzkäfern und anderen Lebewesen inspirierte Materialforscherinnen und -forscher entwickeln heutzutage neue Materialien, welche die Wassergewinnung aus Nebel noch effizienter und kostengünstiger werden lässt.

Pilzzüchtende Termiten

Es gibt **Termiten**, die auf eine besondere Art der Landwirtschaft spezialisiert sind. **Pilzzüchtende** Termiten haben in ihren Nestern spezielle Kammern, in denen sie Pilze anbauen. Diese Termiten fressen zum Beispiel Blätter oder Holz und machen anschließend ihren Toilettengang in den Kammern, in denen die Pilze wachsen. Die Pilze ernähren sich von dem **Termitenkot** und die Termiten ernähren sich wiederum von den Pilzen. Es ist erstaunlich, wie die Termiten optimale Wachstumsbedingungen für ihre Nahrungsgrundlage, die Pilze, schaffen, indem sie die **Pilzkammern** und den Rest des Nestes optimal temperieren und belüften. Manche Termiten bauen über ihrem unterirdischen Nest bis zu mehrere Meter hohe Hügel, welche mit besonderen Strukturen und Gängen ausgestattet sind.

Je nach Termitenart besteht das Baumaterial für diese Hügel aus Erde, vorverdautem pflanzlichen Material, Termitenkot und -speichel. Forschungsarbeiten an Termitenhügeln in Indien und Afrika haben gezeigt, dass die untersuchten Hügel eine innere Struktur von verschiedenen Kanälen besitzen. Die Hügel sind nicht bewohnt und dienen eher als eine Art **Belüftungsanlage**. Wodurch das Nest belüftet und optimal temperiert wird, sodass die Pilze perfekte Wachstumsbedingungen vorfinden. Diese Termitenhügel bestehen aus einem Kamin, der vom Nest aus nach oben ragt. Dieser **Kamin** ist mit dünnen Belüftungskanälen verbunden, die an der Außenwand des Termitenhügels von oben nach unten zum Nest verlaufen. Manche der untersuchten Termitenhügel der Art *Odontotermes obesus* standen in einem schattigen indischen Wald. Hingegen standen die untersuchten Termitenhügel der Art *Macrotermes michaelseni* in der prallen Sonne in einer afrikanischen Steppe. Trotz dieser drastischen Standortunterschiede ist das **Belüftungsprinzip** bei beiden Hügeln sehr ähnlich. Tagsüber wird die Luft in den Belüftungskanälen aufgrund der Nähe zur Außenwand stärker erwärmt als die Luft im innen liegenden Kamin. Da warme Luft sich mehr ausdehnt, ist sie leichter als kalte Luft und steigt auf. Die warme aufsteigende Luft in den Belüftungskanälen drückt die kühlere Luft im Kamin nach unten in Richtung Nest. Von dort wird diese kühlere Luft wieder in die Kanäle der Außenwand geschoben, wo sie sich erwärmt und nach oben steigt. Dieser **Kreislauf** dreht sich in der Nacht um, denn da kühlt sich die Luft in den Kanälen der Außenwand ab und zieht sich zusammen. Dadurch ist die kalte Luft schwerer als die wärmere Luft im Kamin. Die kühlere Luft aus den Belüftungskanälen bewegt sich in Richtung des Nestes. Dadurch wird die wärmere Luft aus dem Kamin in die Belüftungskanäle gedrückt, wo sie sich abkühlt und nach unten ins Nest sinkt. So bleibt die Luft am Tag und in der Nacht in Bewegung. Dadurch wird das Nest stets belüftet.

Da die Belüftungskanäle an der Außenwand des Termitenhügels verlaufen, kann ein Gasaustausch mit der Umgebung stattfinden. So gelangt zum Beispiel **Sauerstoff**, den die Termiten zum Atmen benötigen, in den Hügel, und **Kohlendioxid** gelangt aus dem Hügel heraus. So schützt der Hügel die Termiten und ihre Pilze nicht nur vor Fressfeinden, sondern sorgt also auch für angenehme Temperaturen und eine stetige Belüftung des Nestes.

*Der **Termitenhügel** wurde von **Termiten** der Art **Odontotermes obesus** gebaut. Anders als bei den Termiten des Caatinga-Waldes (auf den Seiten 50 und 51) ist der Hügel nicht nur eine „Bauschutthalde", sondern dient den pilzzüchtenden Termiten als Belüftungs- und Klimaanlage.*

Unterwasserarchitekten und ihre Fischernetze

An Bächen und Flüssen kannst du **Köcherfliegen** entdecken. Bei manchen Köcherfliegenarten leben die erwachsenen Tiere nur wenige Tage und nehmen überhaupt keine Nahrung zu sich. Die Larven der meisten Köcherfliegenarten leben unter Wasser und sind der Grund, warum diese Ordnung „Köcherfliegen" heißt. Denn diese Larven sind wahre **Unterwasserarchitekten**. Sie besitzen Drüsen an ihrem Mund, mit denen sie klebrige Seide produzieren können. Mithilfe dieser **Seide** und Material der Umgebung, wie zum Beispiel kleinen Steinen, Stöcken, Muscheln oder Blättern, bauen sie sich sorgfältig Köcher. Die **Köcher** bieten ihnen Schutz in Form von Tarnung, aber auch vor Schäden. In etwa so wie ein Panzer eine Schildkröte beschützt. Je nach Köcherfliegenart sehen die Köcher ganz unterschiedlich aus. Manche Köcher erinnern an eine Röhre und andere sogar an ein Schneckenhaus. Die Larven einiger Arten bauen sich Köcher, die sie mit sich herumtragen, wenn sie auf Futtersuche gehen.

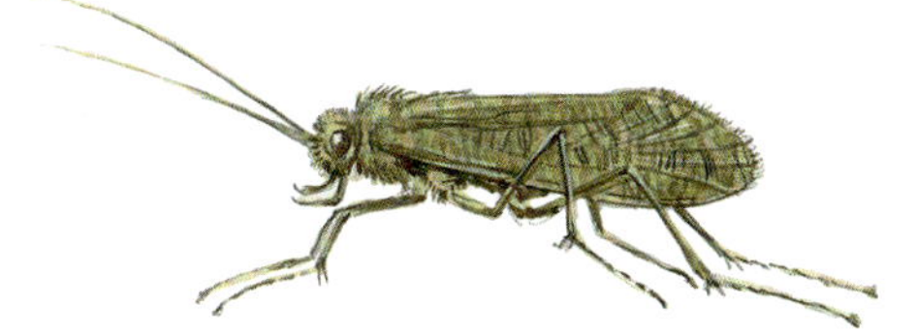

Die Larven wiederum anderer Köcherfliegenarten bauen sich einen Köcher, den sie nicht fortbewegen können. Aber auch diese Köcherfliegenlarven müssen nicht ungeschützt auf Nahrungssuche gehen, denn das Futter kommt einfach zu ihnen. Diese Köcherfliegenlarven spinnen feine **Seidennetze** mit einer Maschenweite von etwa 0,5 Millimetern. Diese Netze stehen quer zur Fließrichtung des Wassers. Wie bei einem Fischernetz fließt die Strömung durch das Netz, und die Nahrung, zum Beispiel kleine Lebewesen oder pflanzliches Material, verfängt sich im Netz und muss nur noch von der Köcherfliegenlarve eingesammelt werden.

Oben links ist eine erwachsene ***Köcherfliege*** *der Art* ***Parapsyche elsis*** *zu sehen.*

Diese ***Köcher*** *anderer Köcherfliegenarten werden von den Larven mitgetragen, während sie auf Nahrungssuche gehen.*

Unter Wasser in einem Bach hat sich die ***Köcherfliegenlarve*** *der Art* ***Parapsyche elsis*** *einen Köcher mit „Fischernetz" gebaut. Mit dem Netz fängt sie kleine Lebewesen und pflanzliches Material zum Essen.*

Durstige Larven

Wiesenschaumzikaden gehören zur Ordnung der Schnabelkerfe. Bereits im Kapitel „Fortbewegung“ hast du erwachsene Wiesenschaumzikaden und ihre enorme Leistung im Hochsprung kennengelernt. Aber auch ihre Larven haben eine erstaunliche Fähigkeit: Sie produzieren enorm viel Pipi! Die Larven der Wiesenschaumzikade ernähren sich von **Pflanzensaft**. Ähnlich wie eine Stechmücke, die uns mit ihrem stechend-saugenden Mundwerkzeug sticht und unser Blut trinkt, stechen die Larven der Wiesenschaumzikade eine Pflanze und trinken ihren Saft. Da dieser Pflanzensaft nicht viele **Nährstoffe** enthält, muss die Larve sehr viel trinken und dementsprechend auch wieder viel Flüssigkeit ausscheiden. Innerhalb eines Tages scheidet sie deshalb das 150- bis 280-Fache ihres eigenen Körpergewichts in Form von Flüssigkeit aus. Würden wir Menschen uns so ernähren, dann müsste ein Kind, das 50 Kilogramm wiegt, bis zu 14 000 Liter Pipi pro Tag produzieren. Zum Vergleich, im Durchschnitt geben wir Menschen etwa 1 bis 1,5 Liter **Urin** pro Tag ab.

Bei diesem Ausscheiden streckt und zieht die Larve ihren **Hinterleib**, wobei sich aus der Flüssigkeit und der Umgebungsluft viele kleine **Blasen** bilden. Innerhalb von 15 bis 30 Minuten erzeugt die Larve so viele Blasen, dass sie komplett von diesem **Schaum** eingehüllt ist. Dieser Schaum kann die Larve vor Fressfeinden und Parasiten sowie vor Temperaturschwankungen der Umgebung und vor Austrocknung **schützen**. Jedoch schließt dieser Schaum die Larve quasi luftdicht ein. Um Sauerstoff zu atmen, durchstößt die Larve mit ihrem Hinterleib den Schaum und atmet mit diesem. Dies kannst du dir ein wenig so vorstellen, als wenn du unter Wasser wärst und nur mit einem **Schnorchel** atmen würdest, der aus dem Wasser herausragt. Nur eben, dass die Wiesenschaumzikade nicht mit ihrem Mund, sondern mit ihrem Hinterleib schnorchelt.

Aufgepasst!

Andere Vertreter der Schnabelkerfe, wie zum Beispiel Blattläuse, ernähren sich ähnlich wie Wiesenschaumzikaden. Blattläuse produzieren aber keinen Schaum, der sie beschützt. Sie scheiden Honigtau aus. Honigtau ist quasi ein sehr zuckerhaltiges und daher nahrhaftes Pipi. Andere Tiere, wie zum Beispiel Ameisen, ernähren sich von diesem Honigtau. Sie halten sich sogar diese Blattläuse gewissermaßen wie Milchkühe, die sie melken und beschützen.

Hungrige Larven

Larven der **Schwarzbäuchigen Taufliege** essen, indem sie sich kopfvoran ins Futter, wie zum Beispiel einen überreifen Apfel, graben. Nur ihr **Hinterteil**, mit dem sie atmen, schaut aus dem Futter heraus. Essen diese Larven Futter, das überbevölkert ist oder auf dem schon zuvor viele andere Larven gegessen haben, so entwickeln sie sich langsamer. Das dicht bevölkerte Futter ist weniger nahrhaft, weshalb sie sich später zu deutlich kleineren Fliegen entwickeln im Gegensatz zu Larven, die eine bessere Futterquelle haben. Unter diesen schlechten Bedingungen bilden die Larven gemeinschaftliche Futtergruppen. Mitglieder einer solchen Gruppe graben aufeinander abgestimmt dicht an dicht und formen so einen gemeinsamen Luftraum. Durch das **kooperative Graben** verzögert sich ihre **Entwicklung** zwar noch länger, aber als erwachsenes Tier haben sie eine normale **Körpergröße**. Vermutlich sind die wichtigsten Vorteile des gemeinschaftlichen Grabens, dass die Larven dadurch tiefer graben können. Gerade in tieferen Schichten des Futters, in die einzeln grabende Larven nicht gelangen können, ist die Futterqualität deutlich besser.

Von Fliegenlarven bis zu Menschen – für alle gilt das Motto: Gemeinsam sind wir stark!.

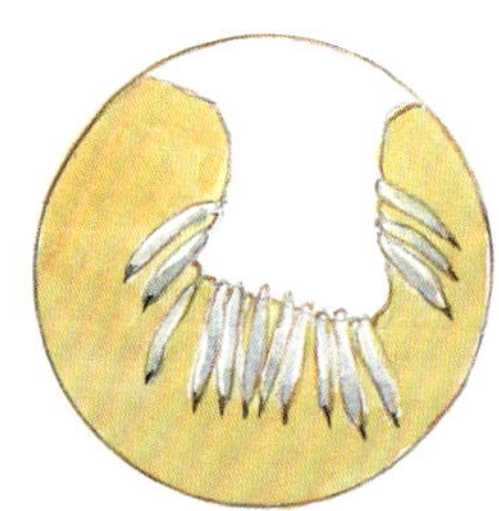

Futtergruppe von Larven der ***Schwarzbäuchigen Taufliege****.*

NAVIGATION

Bogong-Falter

Vielleicht hast du schon von Zugvögeln gehört. Das sind die Vögel, die zum Beispiel von Europa nach Afrika fliegen, um dort zu überwintern. Die Sommermonate verbringen sie dann wieder in Europa. Neben den **Zugvögeln** nehmen auch viele andere Tiere weite Reisen auf sich. Auch manche Insektenarten **reisen** jedes Jahr, um der Kälte des Winters oder der Hitze des Sommers zu entkommen. Eine gute Navigation ist bei langen wie auch kurzen Strecken sehr wichtig. Und einige Insekten besitzen raffinierte **Tricks** für eine optimale Orientierung. Es gibt sogar Ameisen, die ein Tandem nutzen, um ihr neues Nest zu finden. Viel Spaß bei den Reiseberichten der tierischen Weltenbummler.

Ausgestattet mit einer inneren Uhr und einem Sonnenkompass, begeben sich jeden Herbst ***Monarchfalter*** *auf den Weg in Richtung Süden.*

Reise zum Überwintern

Jeden Herbst fliegen **Monarchfalter** vom kalten Kanada im Norden bis zum warmen Mexiko im Süden. Manche reisen hierbei über 3 000 Kilometer. In einem kleinen Gebiet in den Bergen in Zentralmexiko **überwintern** sie. Dort paaren sie sich und reisen dann wieder einen Teil der Strecke zurück in Richtung Norden. Auf einer ersten Zwischenstation legen sie Eier ab. Aus den Eiern schlüpft die erste **Frühlingsgeneration** der Monarchfalter. Diese vermehrt und verbreitet sich weiter in Richtung Norden. Erst eine spätere Generation kommt wieder in Kanada an. Diese Generation ist mindestens zwei Generationen entfernt von den Monarchfaltern, die im vorherigen Jahr die Reise von hier zu den Überwinterungsgebieten in Mexiko antraten. Im Herbst beginnt dann diese lange Reise von vorne. Interessanterweise fliegen im Herbst alle Monarchfalter das allererste Mal in ihrem Leben nach Süden in das Überwinterungsgebiet. Sie haben keine **Artgenossen**, die schon mal dort waren und denen sie folgen könnten. Laborversuche haben gezeigt, dass das Gehirn von Monarchfaltern mit einer Art **Sonnenkompass** ausgestattet ist. Monarchfalter können sich beim Fliegen am Stand der Sonne orientieren. Im Laufe des Tages ändert sich aber der Sonnenstand, also die Position der Sonne am Himmel. Jedoch besitzen Monarchfalter eine **innere Uhr**. Der Sonnenkompass kombiniert die Uhrzeit mit dem Sonnenstand. So fliegt der Monarchfalter zu jeder Zeit seiner **Herbstwanderung** in die richtige Richtung – nach Süden.

Dies kannst du dir so vorstellen: Du weißt, dass die Sonne am Morgen im Osten aufgeht und am Abend im Westen untergeht. Wenn du nach Süden laufen möchtest, musst du morgens in die Richtung laufen, bei der die Sonne auf deiner linken Seite und bei der die Sonne abends auf deiner rechten Seite ist. So ähnlich orientieren sich auch Monarchfalter mithilfe ihres Sonnenkompasses am Sonnenstand.

Aber auch bei stark bewölktem Himmel, wenn die Sonne nicht zu sehen ist, sind die Monarchfalter in der Lage, sich zu orientieren und nach Süden zu fliegen. Es wird vermutet, dass sie sich unter diesen Bedingungen am **Erdmagnetfeld** orientieren. Und tatsächlich haben weitere Laborexperimente gezeigt, dass Monarchfalter mit ihren Antennen und ihren Augen das Magnetfeld der Erde wahrnehmen und sich daran orientieren können.

Reise zum Übersommern

Manche der australischen **Bogong-Falter** unternehmen jährlich eine ähnlich erstaunliche Reise wie die Monarchfalter. Jedoch treten sie diese Reise nicht zum Überwintern, sondern zum **Übersommern** an. Im Frühjahr schlüpfen aus den Puppen die erwachsenen Schmetterlinge. Sie sind nachtaktiv und begeben sich auf eine Reise zu den Australischen Alpen im Südosten Australiens. Manche Bogong-Falter starten ihre Reise im Süden von Queensland. Diese Reise kann mehrere Wochen dauern und bis zu 1 000 Kilometer lang sein. Ihr Ziel sind Höhlen und Felsspalten in Höhen über 1 800 Metern. Zu Hunderttausenden lassen sie sich auf die kühlen **Höhlenwände** der Australischen Alpen nieder, um dort zu übersommern und der Hitze zu entfliehen. Am Ende des Sommers treten sie ihre Rückreise zum einstigen Startpunkt ihrer Reise an, wo sie sich dann paaren, Eier legen und sterben. Aus den Eiern schlüpft die nächste Generation Bogong-Falter. Als **Raupen** fressen, wachsen und verpuppen sie sich. Im Frühjahr schlüpfen die nun erwachsenen Schmetterlinge aus den Puppen und die Reise zu den Höhlenwänden beginnt erneut. Wie auch bei den Monarchfaltern hat keiner der Bogong-Falter diese Reise zuvor gemacht und doch finden sie sicher ihr Ziel. Experimente haben gezeigt, dass Bogong-Falter sich während ihres Fluges am **Mond**, **Sternenhimmel** oder sogar an einem Berg am Horizont orientieren können und wie Monarchfalter das **Magnetfeld** der Erde zur Orientierung nutzen.

Nonstop-Transatlantikflug der Wüstenheuschrecken

Im Herbst 1988 reiste mindestens ein **Wüstenheuschreckenschwarm** von Westafrika über den Atlantik und landete in der Karibik. Für die Reisestrecke von etwa 5 000 Kilometern, die der Schwarm ohne Pause zurücklegte, brauchten sie nur vier bis fünf Tage. Dies ist jedoch eine sehr ungewöhnliche Reiseroute für die Wüstenheuschrecken. Normalerweise reisen sie auf dem afrikanischen Kontinent und suchen **Nahrung** oder geeignete **Eiablage-Plätze**. Jedoch haben sie kein festes Ziel, so wie der Bogong- und Monarchfalter. Dies macht die **Vorhersage**, wann und wo ein Schwarm von Wüstenheuschrecken auftaucht, sehr schwierig. Wie sich ein Heuschreckenschwarm bildet und warum die einheimische Bevölkerung unter diesen Schwärmen leidet, erfährst du auf den Seiten 80 und 81 im Text „Entweder alleine oder im Schwarm".

***Wüstenheuschrecken** wandern normalerweise auf dem afrikanischen Kontinent. Dort wurde schon einmal ein Schwarm gesichtet, der aus etwa zehn Milliarden Tieren bestand.*

Tierische Weltenbummler

Auf dieser Weltkarte sind die erstaunlichen Reisen von manchen **Grauwalen** (gelbe Linie), **Serengeti-Weißbartgnus** (schwarzer Pfeil), einiger **Streifengänse** (dünner roter Pfeil), **Bogong-Faltern** (braune Pfeile) und **Monarchfaltern** (dicke rote Pfeile) eingetragen. Viele Monarchfalter, die im Westen der USA leben, reisen nicht bis nach Mexiko, sondern überwintern an der Küste von Kalifornien (dicke rote Pfeile). Zu sehen sind auch ein paar der möglichen Reiserouten der **Küstenseeschwalben** (grüne Pfeile), der ungewöhnliche Flug 1988 der **Wüstenheuschrecken** (oranger, gepunkteter Pfeil) und nur eine der möglichen Reiserouten der **Weißstörche** (blauer, gestrichelter Pfeil).

Mit einem Band kannst du abmessen, wie weit du im Vergleich zu den verschiedenen Tieren schon einmal gereist bist.

Angeschossen durch zwei Kontinente

Früher konnten sich die Menschen nicht erklären, warum gewisse Vögel im Winter nie zu sehen waren und scheinbar spurlos verschwanden. Erst im Jahr 1822 gab es den Beweis: den **Pfeilstorch**. In diesem Jahr wurde in Mecklenburg ein lebender Storch entdeckt, dessen Hals von einem zentralafrikanischen **Pfeil** durchbohrt war. In seinem afrikanischen **Überwinterungsgebiet** wurde dieser Storch wohl von Einwohnern gejagt und von diesem Pfeil getroffen. Aber der Storch überlebte den Angriff und auch die **Rückreise** nach Deutschland. Dort wurde er dann aber schließlich doch erfolgreich gejagt und anschließend ausgestopft. Heutzutage ist er in einem Rostocker Museum ausgestellt. Dieser und weitere Pfeilstörche waren der Beweis, dass Zugvögel zum Überwintern weite Strecken zurücklegen – bis nach Afrika.

***Pfeilstörche** brachten den Beweis, dass Zugvögel zum Überwintern in ferne Länder fliegen.*

In einem Jahr um die Welt

*Die **Küstenseeschwalben** reisen von der Arktis zur Antarktis. Dadurch erleben sie jedes Jahr zwei Sommer und keinen Winter.*

… bis nach Afrika und noch viel weiter! Unter den Zugvögeln halten die **Küstenseeschwalben** den Rekord für die längste Reiseroute. Sie verbringen den Sommer in der Arktis und fliegen zum Überwintern in die Antarktis. Da in der Antarktis Südsommer ist, wenn in der Arktis Winter ist, erleben die Küstenseeschwalben jedes Jahr **zwei Sommer** und keinen Winter. Und da sowohl im arktischen wie auch im antarktischen Sommer die Sonne nicht untergeht, erleben Küstenseeschwalben auch über die Hälfte des Jahres quasi nur Tag und **keine Nacht**. Bei ihrer Reise fliegen sie also in einem Jahr um die ganze Welt. Forschungen haben gezeigt, dass manche Küstenseeschwalben sogar über 80 000 Kilometer in einem Jahr fliegen. Dies ist das Doppelte des **Erdumfangs**, welcher grob gerundet 40 000 Kilometer beträgt.

Über den Himalaja

Streifengänse reisen nicht nur sehr weit, sondern auch sehr **hoch**. Manche von ihnen brüten in der Mongolei und fliegen zum Überwintern über 4 500 Kilometer nach Indien. Hierbei überqueren sie den **Himalaja**, das höchste Gebirge der Erde. Sie können auf ihren Reisen in Höhen von über 7 000 Metern fliegen. Indien liegt viel tiefer als die Mongolei. Auf ihrer Rückreise legen sie beim erneuten Überqueren des Himalajas zwischen 4 000 und 6 000 Höhenmeter in nur sieben bis acht Stunden zurück. Obwohl in diesen Höhen der **Sauerstoffanteil** in der Luft viel geringer ist als an ihrem Startpunkt der Reise, bringt die Streifengänse wohl nichts so schnell außer Atem.

***Streifengänse** überqueren bei ihren Reisen sogar das höchste Gebirge der Erde: den Himalaja in Asien.*

Die Serengeti lebt (in der Regenzeit)

Die wohl bekannteste und auch eine der spektakulärsten Wanderungen von Säugetieren ist die der **Gnus** und **Zebras**. In der Regenzeit leben sie in der Serengeti in Tansania. Mit dem Ende der Regenzeit finden sie immer weniger **Gras** zum Fressen. Dann reisen sie in Richtung Norden nach Kenia. Bei ihrer Reise müssen sie den Mara-Fluss überqueren. Bei dem Versuch, an das andere Ufer zu gelangen, ertrinken viele von ihnen oder werden von den auf sie lauernden **Krokodilen** gefressen. Die Tiere, welche es nach Kenia schaffen, finden zwar Gras zum Fressen, aber dieses Gras ist eher **mineralstoffarm**. Das Gras ist also nicht sehr nahrhaft und enthält weniger der Stoffe, die diese Tiere zum Leben benötigen. Darum begeben sich diese Tiere mit dem Einsetzen der Regenzeit auf den lebensbedrohlichen Rückweg über den Mara-Fluss zur **Serengeti** mit den mineralstoffreichen Gräsern.

***Serengeti-Weißbartgnus** müssen bei ihren jährlichen Wanderungen den Mara-Fluss überqueren. Doch in diesem Fluss warten bereits Krokodile auf sie.*

Die längste Wanderung eines Säugetiers

Die **längste Wanderung** unter den Säugetieren machen aber die **Grauwale**. Manche Grauwale leben von Mai bis Oktober zwischen Alaska und Russland und entlang der nördlichen Küstenlinien dieser beiden Länder. Hier finden sie reichlich Nahrung. Zum Überwintern ziehen sie südwärts in die **Küstengewässer** von Kalifornien bis Mexiko. Diese Reise dauert ungefähr zwei Monate. In diesen wärmeren Gewässern bringen sie ihre **Kälber** zur Welt. Ende Januar reisen bereits die ersten Wale wieder in Richtung Norden, wo die Gewässer **nahrungsreicher** sind. Manche Grauwale legen in einem Jahr über 25 000 Kilometer zurück.

*Von allen Säugetieren reisen die **Grauwale** am weitesten.*

Orientierung an der Milchstraße

Im Kapitel „Ernährung" hast du erfahren, dass **Pillendreher** sich vom Mist anderer Tiere ernähren und eine **Kotkugel** formen, welche sie schnell wegrollen. Beim Fortrollen behalten die Pillendreher eine gerade Linie bei, auch wenn ihnen Hindernisse, wie zum Beispiel Steine, im Weg liegen und sie dadurch kurzzeitig die **Kontrolle** über ihre Kotkugel verlieren. Hat ein Pillendreher wieder die Kontrolle über seine Kotkugel erlangt, dann rollt er diese Kugel nicht direkt weiter, sondern klettert zunächst auf diese Kugel und **tanzt**. Bei diesem Tanz dreht sich der Pillendreher um sich selbst. Er tanzt, um sich am **Himmel** zu orientieren. Tagaktive Arten dieser Käfer können sich, ähnlich wie die Monarchfalter, an der **Sonne** orientieren. Nachtaktive Arten dieser Käfer orientieren sich wiederum am Mond. Wenn kein Mond am Himmel zu sehen ist, dann genügt den Käfern der nachtaktiven Art *Scarabaeus satyrus* die **Milchstraße** zur Orientierung. Forschungen zeigten, dass den Käfern zur Orientierung sogar die künstliche Milchstraße in einem **Planetarium** ausreicht.

Eine Frage bleibt in der Forschungsarbeit jedoch offen:

„Wie bitte überzeugt man die Verwaltung eines Planetariums davon, dass nachts Käfer Kotkugeln durchs Planetarium rollen dürfen?"

Im Handstand rollen ***Pillendreher*** ***Kotkugeln*** *in möglichst geraden Linien fort.*
Die Pillendreher der Art ***Scarabaeus satyrus*** *können sich hierfür am Nachthimmel orientieren, auch wenn kein Mond, sondern nur die Milchstraße zu sehen ist. Kleine Hindernisse wie Steine werden umrollt. Verlieren sie doch einmal die Orientierung, klettern sie auf ihre Kotkugel und „tanzen". Bei diesem* ***Tanz*** *drehen sie sich auf ihrer Kotkugel im Kreis und können sich so am Himmel orientieren.*

Aufgepasst!

Tagaktive Pillendreher in der südafrikanischen Savanne müssen ihre Kotkugel über den heißen Wüstensand rollen. Ähnlich wie die Silberameisen, die du auf Seite 58 im Kapitel „Lebensraum" kennengelernt hast, müssen sich auch die Pillendreher der südafrikanischen Savanne immer wieder abkühlen. Forschungen zeigten, dass sie ihren Tanz nicht nur zur Orientierung nutzen, sondern auch, um sich auf der kälteren Kotkugel ihre Vorderbeine abzukühlen. Wissenschaftler und Wissenschaftlerinnen haben diesen Pillendrehern „kleine Stiefel" aus Silikon „angezogen". Und tatsächlich haben die „stiefeltragenden" Pillendreher weniger häufig auf ihren Kotkugeln tanzen müssen.

Per Tandem zum neuen Nest

Vielleicht hast du schon einmal eine Ameisenstraße gesehen, bei der sehr viele Ameisen sehr effizient hin- und herlaufen. Diese **Ameisenstraße** kann zum Beispiel vom Nest der Ameisen zu einer Futterquelle und wieder zurück führen. Hat eine Ameise eine gute Nahrungsquelle gefunden, zeigt sie den anderen Mitgliedern ihrer **Kolonie** indirekt, wie sie dorthin kommen, indem sie eine „Duftspur" auf den Boden legt. Andere Ameisen der Kolonie folgen dieser Duftspur und verstärken sie.

Das Verstärken dieser Duftspur ist wichtig, aber auch sehr aufwendig. Dies könnte der Grund sein, warum es auch einige Ameisenarten mit kleinen Koloniegrößen gibt, die keine solche Duftspuren legen. Um den Mitgliedern ihrer Kolonie direkt den Weg zu einer Futterquelle oder einem neuen Nest zu zeigen, nutzen manche dieser Ameisenarten eine andere Methode – das **Ameisentandem**.

Diacamma indicum ist so eine Ameisenart, man findet sie in Indien und Sri Lanka. Bei dieser Ameisenart kann eine Kolonie aus nur zwölf erwachsenen Tieren bestehen und es gibt keine **Königin**. Wird das Nest dieser Ameisenart zerstört, zieht die ganze Kolonie samt Nachwuchs und Vorräten in ein **neues Nest** um. Gerade für so kleine Kolonien ist es wichtig, dass bei einem solchen Umzug kein Mitglied verloren geht oder zurückbleibt. Das sogenannte Ameisentandem wird von zwei Ameisen gebildet. Die Ameise, welche den Weg zum neuen Ziel, zum Beispiel dem neuen Nest, bereits kennt, läuft vorne. Die Ameise, die diesen Weg noch nicht kennt, läuft hinten. Mit ihren Antennen hält sich die hintere Ameise am **Hinterleib** der vorderen Ameise fest und folgt ihr wie bei einer **Zweier-Polonäse** bis zum Ziel.

Nachdem das Ameisentandem das Ziel erreicht hat, kennt nun auch die hintere Ameise den Weg und kann ihrerseits einer weiteren Ameise per Tandem den Weg zum Ziel zeigen. Die vorderen Ameisen im Tandem sind tatsächlich in der Lage, von Lauf zu Lauf den Weg, welchen sie den anderen Ameisen zeigen, zu optimieren, und vermeiden so unnötige **Umwege**.

Eine weitere, ganz einfache Möglichkeit, die von manchen Ameisenarten genutzt wird: Eine Ameise, die den Weg kennt, packt eine andere Ameise der Kolonie einfach mit den Mundwerkzeugen und trägt sie zum Ziel.

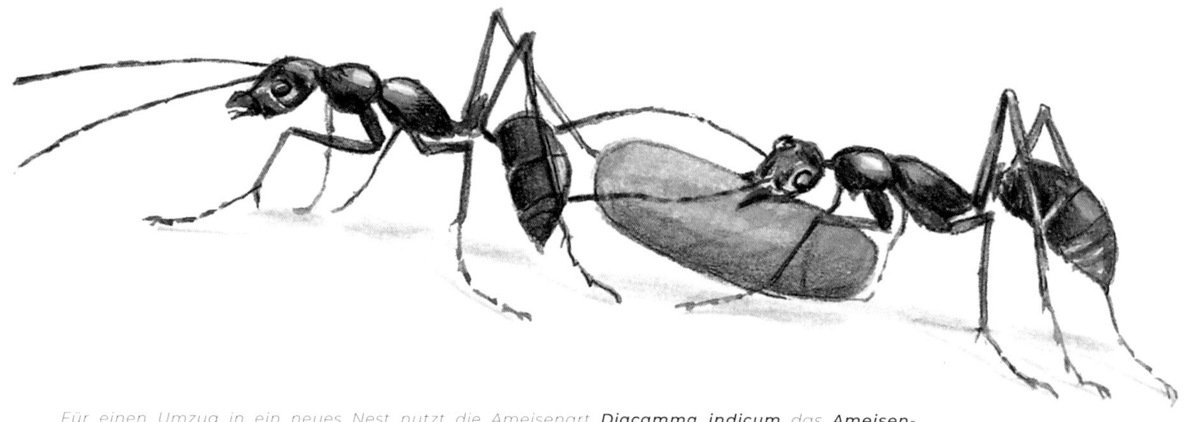

Für einen Umzug in ein neues Nest nutzt die Ameisenart ***Diacamma indicum*** *das* ***Ameisentandem****. Die Ameise, welche den Weg zum Ziel kennt, läuft bei dem Tandem vorne. Mit ihren Antennen hält sich die hintere Ameise, die den Weg noch nicht kennt, am Hinterleib der vorderen Ameise fest und folgt ihr. Die Nahrungsvorräte und der Nachwuchs müssen natürlich auch mit umziehen. Deswegen trägt die hintere Ameise mit ihren Mundwerkzeugen eine* ***Puppe****.*

GEMEINSAM SIND WIR STARK

Einige Tiere leben in größeren Gruppen zusammen. Diese Gruppe aus Artgenossen wird Kolonie genannt, wenn sie in unmittelbarer Nähe zueinander leben wie zum Beispiel bei den Brutkolonien der Pinguine. Leben Insekten in einer solchen Gruppe und teilen sich die Arbeit – wie Verteidigung, Nahrungssuche, Fütterung und Brutpflege – untereinander auf, dann wird diese Gruppe als Insektenstaat bezeichnet. Bewegt sich eine Gruppe von Tieren gemeinsam fort, ohne den Boden zu berühren, also schwimmend oder fliegend, wird diese Gruppe Schwarm genannt. In diesem Kapitel erfährst du mehr über die Vorteile des Lebens in einer Gruppe. Viel Spaß mit dem Team „Insekten" … Gemeinsam sind sie noch stärker!

Das Ameisen-Lazarett

Matabele-Ameisen leben in Afrika und ernähren sich ausschließlich von **Termiten**. Um Termiten zu jagen, sucht eine Kundschafterin der Ameisen zunächst nach einem Termitennest, das bis zu 50 Meter entfernt sein kann. Ist sie fündig geworden, geht sie zum Nest zurück und holt Verstärkung. Ihr folgen 200 bis 600 Artgenossinnen zu den Termiten. Nun teilen sich die Ameisen die Arbeit weiter auf. Größere Matabele-Ameisen graben **Öffnungen** ins Termitennest. Kleinere Matabele-Ameisen krabbeln durch diese Öffnungen ins Nest und töten dort Termiten, die sie anschließend nach draußen tragen. Die erbeuteten Termiten werden draußen gesammelt. Dann stürmen die kleinen Ameisen erneut in das Nest zur Jagd, die fünf bis zehn Minuten dauern kann. Danach trägt die Gruppe ihre **Beute** zurück zum Ameisennest. Die größeren Ameisen können bis zu sieben Termiten auf einmal mit ihren Mundwerkzeugen packen und tragen. Bei der **Jagd** werden einige Matabele-Ameisen **verletzt**, da sich die Termiten natürlich wehren und die angreifenden Ameisen beißen. Dabei können die Ameisen ein oder mehrere **Beine verlieren**. Etwa jede dritte Ameise, die an diesen Jagden teilnimmt, verliert im Lauf ihres Lebens mindestens ein Bein. Nach dem Kampf versuchen die verwundeten Ameisen, zurück zum Nest zu gelangen. Treffen sie beim Rückweg auf ihre Artgenossinnen, so laufen sie absichtlich extrem langsam und tollpatschig, wodurch signalisiert wird, dass sie verwundet sind und Hilfe benötigen. Verwundete Ameisen werden dann zurück zum Nest getragen, wo sie in Sicherheit vor Fressfeinden sind. Dort werden ihre **Wunden** dann gereinigt und versorgt. Eine andere Ameise hält das verletzte Bein vorsichtig mit ihren Mundwerkzeugen fest, damit sie intensiv direkt an der Wunde lecken kann. Diese Pflege kann eine Entzündung der Wunde verhindern. Hierdurch überleben circa neun von zehn verletzten Ameisen, ohne Hilfe wären es nur zwei von zehn. Ameisen, die ein oder zwei Beine verloren haben, sind in der Lage, innerhalb von nur einem Tag ihre Fortbewegung von einem sechsbeinigen Gang auf einen fünf- oder vierbeinigen Gang umzustellen, der dann fast wieder an alte Laufgeschwindigkeiten herankommt. Jedoch wird nicht allen Verletzten geholfen. Wenn Matabele-Ameisen zu stark verwundet sind und fünf ihrer sechs Beine verloren haben, werden sie in der Regel zurückgelassen. Sie wehren sich sogar gegen eine Rettung.

*Die **Matabele-Ameisen**, die im Kampf mit Termiten verwundet wurden, werden bei ihrer Rückkehr im Nest gepflegt.*

Aufgepasst!

Anders als beim Fliegen muss die Luft bei der Ventilation nicht nach unten, sondern nach hinten gedrückt werden. Deshalb verändern die Bienen die Bewegung und die **Haltung der Flügel** während der Ventilation. Während der Ventilation schlagen die Bienen nur etwa 174-mal in der Sekunde mit ihren Flügeln. Zum Vergleich: Während des Fluges schlagen Bienen 227-mal pro Sekunde mit ihren Flügeln.

Eine weitere Herausforderung beim Flügelschlag direkt über dem Boden ist, dass die Flügel fein und zerbrechlich sind. Bei der Ventilation kommt es vor, dass die Flügel den Untergrund berühren. Würden die Flügel direkt auf den Boden treffen, so könnte dies zu starken **Beschädigungen** der Flügel führen, wodurch das Fliegen erschwert oder gar unmöglich würde. Jedoch rollen die Bienen ihre Flügel geschickt auf dem Untergrund ab, wodurch das Risiko einer Beschädigung stark verringert wird im Vergleich zu einem direkten **Aufprall**.

Die Bienen-Klimaanlage

Die **Westliche Honigbiene** ist wohl eines der bekanntesten Insekten der Welt. Du hast sie sicher auch schon einmal im Garten oder auf der Wiese gesehen. Beim Sammeln von Nektar und Pollen bestäuben sie viele Pflanzen. Anschließend transportieren die Honigbienen diese wertvolle, aber auch schwere Last zurück zu ihrem Nest. Man könnte meinen, dass ihre Flügel rein zum Fliegen so perfekt sind, jedoch nutzen Honigbienen ihre Flügel auch zum **Belüften** ihrer Nester. Westliche Honigbienen können mit ihren Antennen nicht nur riechen, sondern auch Temperaturunterschiede und die Kohlenstoffdioxidkonzentration wahrnehmen. Sobald die **Temperatur** oder die **Kohlenstoffdioxidkonzentration** im Nest einen bestimmten Wert überschreitet, versammeln sich einige Bienen am Nesteingang. Sie drehen sich mit dem Kopf zum Eingang des Bienenstocks und klammern sich mit ihren Beinen am Untergrund fest. Dann beginnen sie, stark mit ihren Flügeln zu schlagen. Dabei entsteht ein kleiner Wind, der die Luft vor ihnen nach hinten trägt. Durch diesen Luftzug wird der Bienenstock belüftet und gekühlt. Der **Luftzug**, welcher von einer einzelnen Biene erzeugt wird, bleibt nur kurz bestehen und verlangsamt sich schnell. Stellen sich aber die Bienen einzeln hintereinander auf, verhindern sie so, dass der Wind sich verlangsamt. Du kannst dir dies ein bisschen so vorstellen, als ob die vorderste Biene den Wind durch ihre Flügelschläge an die Biene hinter ihr weitergibt, und diese Honigbiene schlägt auch mit ihren Flügeln und gibt so den Wind an die nachfolgende Biene weiter und so weiter. Dadurch kann der Wind die Wärme und das Kohlenstoffdioxid über eine längere Strecke hinweg aus dem **Bienenstockeingang** transportieren. Gemeinsam schaffen es die Honigbienen so, dass die Temperatur und die Kohlenstoffdioxidkonzentration im Nest auf einen gesunden Wert gesenkt werden. Dies ist sehr wichtig für das **Überleben des Bienenvolks**. Schaffen die Honigbienen es nicht, die Temperatur im Stock zu senken, und es wird den Eiern und Larven zu heiß, kann das bedeuten, dass ihr Gehirn später im Erwachsenenalter nicht so gut funktioniert.

Die ***Westliche Honigbiene*** *nutzt ihre Flügel nicht nur zum Fliegen. Sie werden auch zur Kommunikation und zum Belüften ihrer Nester eingesetzt.*

Entweder alleine oder im Schwarm

Manche Insekten schließen sich nur unter bestimmten Bedingungen zu einem **Schwarm** zusammen. Ein spannendes Beispiel hierfür sind die **Wüstenheuschrecken**, die es in zwei Lebensformen gibt:

1. Wüstenheuschrecken der **allein lebenden Form** sind eher nachtaktive, ortsgebundene Einzelgängerinnen und Einzelgänger, die den Kontakt zu anderen Wüstenheuschrecken meiden.

2. Das Gegenteil ist der Fall bei der **Schwarmform**. In dieser Form bilden sie mit anderen Wüstenheuschrecken riesige Schwärme und legen am Tag weite Strecken zurück. Viele Gebiete in Afrika leiden unter der

***Wüstenheuschrecken** kommen in zwei Formen vor, der allein lebenden Form und der Schwarmform. Die beiden Formen unterscheiden sich in ihrem Verhalten, aber auch in ihrem Aussehen.*

Wüstenheuschrecke, denn wo so ein Schwarm vorbeizieht, werden ganze Felder kahl gefressen. Der **landwirtschaftliche Schaden** ist enorm und kann zu Hungersnöten führen.

Die **zwei Formen** der Wüstenheuschrecke unterscheiden sich nicht nur in ihrem Verhalten, sondern zum Beispiel auch in ihrem **Aussehen**. Larven der allein lebenden Form sind grün und die erwachsenen Tiere sind bräunlich. Hingegen haben die Larven der Schwarmform eine schwarzgelbe Körperfarbe und die ausgewachsenen Tiere sind gelb.

Aber wie wird bei den Wüstenheuschrecken aus Einzelgängerinnen und Einzelgängern ein Schwarm?

Gibt es ein großes Nahrungsangebot, so fällt es den Heuschrecken leicht, sich aus dem Weg zu gehen – die Wüstenheuschrecken existieren in der allein lebenden Form. Wird hingegen das Nahrungsangebot knapp, so steigt die Wahrscheinlichkeit, dass sich Wüstenheuschrecken der allein lebenden Form auf derselben Futterpflanze begegnen. Wenn sich bei diesen Begegnungen die Tiere öfters gegenseitig an den Hinterbeinen berühren, bildet der Heuschreckenkörper **Hormone**, die zu Verhaltensänderungen führen. Innerhalb von nur wenigen Stunden kann so eine Wüstenheuschrecke zum Schwarmtier werden. Das heißt, sie verhalten sich wie Schwarmtiere, aber erst ihre **Nachkommen** besitzen auch das typische Aussehen der Schwarmform. Die Schwärme können dann zu einer Massenwanderung führen. Die erwachsenen Tiere fliegen als Schwarm und die flugunfähigen Larven hüpfen in riesigen Gruppen los. Der Schwarm bietet Schutz vor Fressfeinden, aber die **Konkurrenz** um Futterquellen ist im Schwarm natürlich viel höher. Die Larven, die sich im hinteren Teil der Gruppe befinden, treffen stets auf bereits kahl gefressene Landschaften und werden zu Kannibalen, also zu Lebewesen, die ihre Artgenossen fressen. Die Gruppe bleibt dadurch in Bewegung, zum einen, um neue Nahrungsquellen zu finden, und zum anderen, um nicht den **Kannibalen** zum Opfer zu fallen.

Das Motto von Wüstenheuschrecken der Schwarmform ist also: Fressen und gefressen werden!

Wusstest du?

1954 wurde im ostafrikanischen Kenia ein Schwarm gesichtet, der aus zehn Milliarden Wüstenheuschrecken bestand und 200 Quadratkilometer groß war. Zum Vergleich: Die größte deutsche Nordseeinsel Sylt ist mit knapp 100 Quadratkilometern nur halb so groß. Eine Wüstenheuschrecke wiegt ungefähr zwei Gramm und frisst jeden Tag so viel Nahrung, wie sie selber wiegt. Demnach hat dieser Schwarm täglich 20 000 Tonnen Nahrung wie Gras, Getreidepflanzen und vieles mehr vertilgt. Nur zum Vergleich: 3 333 männliche Afrikanische Elefanten wiegen etwa 20 000 Tonnen. Mächtig gefräßig!

Aufgepasst!

Bei der Europäischen Wanderheuschrecke reicht bereits ein Zusammenkommen von nur vier Artgenossen der allein lebenden Form aus, um ein „Versammlungspheromon" zu produzieren und auszustoßen. Andere Europäische Wanderheuschrecken, egal welchen Alters und welcher Form, nehmen dieses Pheromon mit ihren Antennen wahr und werden angelockt. Immer mehr Wanderheuschrecken kommen zusammen und beginnen, dieses Pheromon zu produzieren – ein Schwarm bildet sich.

Hitzekugel

Die **Östliche Honigbiene** ist in Ostasien beheimatet und ähnelt im Aussehen und Verhalten stark der bei uns in Europa lebenden Westlichen Honigbiene. In ihrer Heimat muss sich die etwa 1,1 Zentimeter große Östliche Honigbiene gegen die 4,5 Zentimeter großen **Asiatischen Riesenhornissen** verteidigen. Die Riesenhornisse fängt Honigbienen und bringt sie einzeln ins Hornissennest, um die Larven damit zu füttern. Findet sie bei ihrer Jagd einen **Honigbienenstock**, markiert die Hornisse diesen mit einem Pheromon, das weitere Riesenhornissen zum Nest lockt, wo sie dann auf Bienenjagd gehen. Sind drei oder mehr Hornissen vor Ort, wird es brenzlig für die Bienen: Eine einzelne Riesenhornisse kann bis zu 40 Honigbienen in einer Minute töten und ein paar Riesenhornissen können ein ganzes Bienenvolk von 30 000 Honigbienen innerhalb von nur wenigen Stunden auslöschen.

Aber die Honigbienen sind nicht völlig wehrlos und haben hierfür eine besondere Verteidigungsstrategie ... sie formen eine **Hitzekugel**. Hierbei bilden über 500 Arbeiterinnen eines Volkes der Östlichen Honigbiene eine Kugel um eine Hornisse. Durch Zittern mit den **Muskeln** erzeugen sie Wärme, wodurch es im Inneren dieser Honigbienenkugel für circa 20 Minuten zu Temperaturen von bis zu 47 Grad Celsius kommen kann. Zum Vergleich: Bei uns Menschen wird bereits eine Körpertemperatur von über 41 Grad Celsius gefährlich. Zusätzlich zur Hitze steigt auch die Kohlenstoffdioxidkonzentration in der Hitzekugel. Das führt dazu, dass die Hornissen weniger hitzetolerant werden und bereits bei tieferen Temperaturen den Hitzetod sterben als im Vergleich zu der Situation in normaler Luft. Außerdem können die Bienen in der Hitzekugel mit ihren Körpern zusätzlich die Atemwege der Hornissen blockieren, damit diese ersticken. Die Bienen selbst können kurzzeitig eine Temperatur von 50 Grad Celsius ertragen und überleben im Gegensatz zu den Hornissen.

*Die **Asiatischen Riesenhornissen** ernähren sich von anderen Insekten, wie zum Beispiel von der Östlichen Honigbiene. Diese Honigbienen sind zwar deutlich kleiner als die Asiatischen Riesenhornissen, haben aber eine effektive Verteidigungsstrategie – die Hitzekugel!*

TARNUNG, WARNUNG UND TÄUSCHUNG

Auf dem Stamm einer Birke sind ***Birkenspanner*** *mit einer weißen Körperfarbe und schwarzer Musterung besser getarnt als die Birkenspanner mit einer dunkleren Körperfarbe. Dadurch werden die hellen Birkenspanner seltener von Vögeln entdeckt und gefressen.*

Tarnung ist eine **Lebens- und Überlebensstrategie**, die dabei hilft, Angreifern aus dem Weg zu gehen oder einer Beute aufzulauern. Manche Insekten tarnen sich so perfekt, dass sie mit Blüten, Laub oder Zweigen verwechselt werden – sogar von uns Menschen!

Andere Strategien, um nicht gefressen zu werden, sind Warnung und Täuschung. Im Gegensatz zur Tarnung ist bei der **Warnung** und **Täuschung** eine auffällige Körperform oder -farbe von Vorteil. Diese Auffälligkeit schreckt angreifende Tiere ab oder irritiert sie. Und nun: Augen auf und volle Konzentration bitte, damit dir auch nichts entgeht.

Tarnung als Flechten

Birkenspanner sind Nachtfalter, die meistens eine weiße Körperfarbe mit einem schwarzen Muster besitzen. Dank dieses Aussehens sind sie bestens getarnt, wenn sie tagsüber auf dem Stamm einer **Birke** oder auf mit **hellen Flechten** bewachsenen Stämmen anderer Bäume schlafen. Es gibt aber auch Birkenspanner, die eine **dunklere Körperfarbe** haben. Diese dunkleren Birkenspanner können sich in gesunden Wäldern, in denen es viele Flechten gibt, schlechter tarnen und haben eine 21 Prozent schlechtere Überlebenschance, verglichen mit den hellen Birkenspannern. Daher können sich von den zahlreicheren hellen Birkenspannern mehr fortpflanzen und so viel Nachwuchs mit ebenso heller **Färbung** zeugen. Die dunkleren Birkenspanner bilden daher die Minderheit in gesunden Wäldern.

Jedoch war das nicht immer so! Während der **industriellen Revolution** hatten die dunklen Birkenspanner eine größere Überlebenschance in England. In diesem Zeitraum führte dort eine hohe **Luftverschmutzung** dazu, dass sich die Anzahl an Flechten dramatisch verringerte und dass sich viel dunkler Ruß auf den Baumstämmen absetzte. Helle Birkenspanner waren nicht mehr so gut getarnt und fielen deutlich öfter Vögeln zum Opfer, die sie an den Bäumen gut erkennen konnten. Hingegen waren die dunklen Birkenspanner auf den flechtenlosen dunklen Baumstämmen gut getarnt und hatten eine deutlich höhere Überlebenschance. Als Folge gab es zu dieser Zeit in den betroffenen Gebieten viel mehr dunkle als helle Birkenspanner.

Zeig mir deine Birkenspanner, und ich sage dir, wie gesund dein Wald und seine Umgebung sind!

Flügel wie aus Glas oder Blättern

Ganz oben siehst du die ***Gespenstschreckenart Phryganistria chinensis****. Sie ist so überzeugend als Zweig getarnt, dass sie erst im Jahr 2017 von uns Menschen entdeckt wurde. Das ist sehr erstaunlich, zumal sie mit einer Größe von 62 Zentimetern als größtes Insekt der Welt gilt. Hier in der Mitte siehst du einen Glasflügelfalter. Ein großer Teil der Flügel ist durchsichtig wie Glas. Unten links ist ein* ***Großes Wandelndes Blatt*** *zu sehen. Diese Insekten haben nicht nur die Form und Farbe von Blättern, ihr Körper scheint sogar Blattadern zu besitzen. Unten rechts ist eine* ***Orchideenmantis*** *abgebildet. Sie ist optimal zwischen den Orchideenblüten getarnt und lauert dort auf Beute.*

Glasflügelfalter besitzen eine andere Tarnungsstrategie, dank der sie von Fressfeinden nicht entdeckt werden. Wie ihr Name schon verrät, sind ihre Flügel größtenteils durchsichtig wie **Glas**. Sie tarnen sich also dadurch, dass der größte Teil ihres Körpers durchsichtig ist. So sind sie nicht nur auf einer bestimmten Pflanze, wie zum Beispiel einer Flechte oder einer Birke, getarnt, sondern vor allen möglichen Hintergründen.

Insekten wie die **Wandelnden Blätter** der Ordnung der Gespenstschrecken, das Tote Blatt oder der Indische Blattschmetterling sehen dagegen wie ein grünes beziehungsweise welkes Blatt aus. Wandelnde Blätter bewegen sich beim Laufen sogar so hin und her wie ein Blatt, das im **Wind** gewiegt wird. Andere **Gespenstschrecken**, wie die Art *Phryganistria chinensis*, sind nicht als Blatt, sondern als **Zweig** getarnt. Und auch die länglichen Raupen des Birkenspanners ähneln zu ihrem Schutz Zweigen.

Die Körperform und -farbe der **Orchideenmantis** ähnelt einer Orchideenblüte. Reglos sitzt sie auf Pflanzen und lauert anderen Insekten auf, welche durch die Tarnung der Mantis als **Orchideenblüte** angelockt werden. Diese Insekten finden aber keinen Nektar, sondern den Tod und werden von der Orchideenmantis gefangen und gefressen.

Friss mich und du wirst es bereuen!

Der auffällige schwarz-gelb gestreifte Körper der ***Asiatischen Riesenhornisse*** *signalisiert anderen Tieren: „Greif mich an und du wirst es bereuen!"*

Die ***Gemeine Wespenschwebfliege*** *ist harmlos. Dank ihres schwarz-gelb gestreiften Körpers wird sie leicht mit kämpferischen Insekten wie Wespen verwechselt und dadurch nicht angegriffen.*

Kämpferische oder ungenießbare Tiere sehen oft auffällig aus, dadurch werden **Beutegreifer**, also Tiere, die andere Tiere fressen, gewarnt. So ist zum Beispiel die schwarz-gelb-weiß gestreifte Raupe des **Monarchfalters** ungenießbar. Diese Raupen fressen unter anderem die giftigen Blätter der *Schmalblättrigen Seidenpflanze*. Dieses Gift tut ihnen nichts und bleibt in ihrem Körper, weshalb auch die Raupen selbst giftig werden. Das Gift ist sogar noch im erwachsenen Monarchfalter vorhanden, auch wenn sie die Blätter nicht mehr essen. Wie als Raupe warnen die erwachsenen Monarchfalter Beutegreifer mit ihrem Aussehen. Ihre auffallenden orangen Flügel mit schwarzer und weißer Musterung sind klare **Warnsignale**, die für beide Seiten Vorteile mit sich bringen. Erkennt der Beutegreifer die Signale, kann er es vermeiden, ein giftiges Tier zu essen oder sich bei einem Kampf mit einer wehrhaften Beute, also einer Beute, die in der Lage ist, sich zu verteidigen, zu verletzen. Und diese Beutetiere werden wiederum erst gar nicht angegriffen und haben so eine bessere Überlebenschance.

Forschende stellten fest, dass in der Regel bestimmte Merkmale der Warnsignale, wie etwa die **Helligkeit**, der **Farbton** oder die **Farbintensität**, bei den giftigsten oder wehrhaftesten Tieren am stärksten ausgeprägt sind. Die Regel **„Je auffälliger, umso giftiger!"** gilt für Tiere der gleichen Art, aber auch für Tiere verschiedener Arten. Dennoch gibt es auch einige harmlose und ungiftige Insekten, die diesen wehrhaften oder ungenießbaren Tieren ähnlich sehen. Diese harmlosen Doppelgänger werden deshalb auch nicht angegriffen. Zum Beispiel ähnelt die harmlose **Gemeine Wespenschwebfliege** mit ihrem schwarz-gelb gestreiften Körper einer **Deutschen Wespe** oder einer **Asiatischen Riesenhornisse**. Fressfeinde oder auch wir Menschen lassen uns leicht täuschen und machen lieber einen großen Bogen um diese ungefährliche Fliege. Denn die giftigen Stiche von Wespen sind schmerzhaft und Vorsicht ist besser als Nachsicht!

Monarchfalter *sind giftig. Ihre auffälligen orangen Flügel dienen anderen Tieren als Warnung.*

Ein Rucksack aus toten Ameisen

So viele verschiedene Tierarten sind als Ameise getarnt, dass es hierfür sogar einen eigenen Fachbegriff gibt: **„Ameisenmimikry“**. Manche **Raubwanzenarten** tarnen sich sogar als ganze Ameisengruppe. Diese Raubwanzen sehen zwar nicht wie Ameisen aus, aber sie verkleiden sich als solche. Nachdem die Raubwanze Ameisen verspeist hat, klebt sie die leeren **Außenskelette** der Ameisen zusammen auf ihren Hinterleib. Raubwanzen mit diesem speziellen **Rucksack** werden seltener von Räubern wie Spinnen, Geckos oder Tausendfüßer angegriffen. Durch den Rucksack aus toten Ameisen maskiert die Raubwanze wahrscheinlich nicht nur ihr Aussehen, sondern auch ihren **Geruch**, und wird so von den Räubern gar nicht mehr als Beute wahrgenommen. Interessanterweise tarnen sich manche dieser Raubwanzen nur mit Ameisen und nicht mit anderen Beutetieren, welche auch auf ihrem Speiseplan standen. Dadurch könnten manche Fressfeinde die Raubwanze mit ihrem speziellen Rucksack für eine ganze **Gruppe** von Ameisen halten. Um nicht selbst von dieser Ameisengruppe attackiert zu werden, riskieren diese Fressfeinde dann wahrscheinlich besser keinen Angriff.

*Die **Pfauenspinnerart Argema mimosae** wird auch Afrikanische Mondmotte genannt. Ihre großen Flügel besitzen Augenflecken. Andere Tiere werden durch diese Farbmuster getäuscht.*

So viele Augen!

Augenflecken ist eine weitere Strategie, wodurch der Angriff eines Fressfeindes vermieden werden kann. Zum Beispiel tragen **Schmetterlinge** der Pfauenspinnerart *Argema mimosae* Augenflecken auf ihren Flügeln. Das sind **Farbmuster**, die wie Augen aussehen. Es wird vermutet, dass die Augenflecken verschiedene Vorteile mit sich bringen:

- Fressfeinde könnten **getäuscht** werden und den Kopf der Beute am anderen Körperende vermuten. Zum einen könnte dadurch nicht der **Kopf**, sondern unwichtigere Körperteile attackiert werden. Zum anderen könnten die Feinde fälschlicherweise vermuten, dass die Beute vorwärtsflieht. In Wahrheit könnte die Beute aber ungehindert in die entgegengesetzte Richtung flüchten und der Angreifer greift ins Leere.

- Angreifer könnten **irritiert** werden und flüchten, da sie in den Augenflecken die Augen eines eigenen Fressfeindes erkennen könnten.

- Fressfeinde könnten sich ertappt fühlen und von dem Angriff ablassen, da sie vermuten, dass die Beute sie **bereits entdeckt** hat. Wodurch die Chance auf einen erfolgreichen Angriff stark sinken würde.

Wusstest du?

Der Mensch nutzt dieses Wissen, um Rinderherden zu schützen und um Fahrraddiebstähle zu verhindern.

Auch Säugetiere können durch Augenflecken vor Angriffen von Fressfeinden geschützt werden. In einer Studie in Afrika wurden die Hintern von Rindern mit Augen bemalt. Als Kontrolle dienten Rinder, deren Hintern unbemalt oder lediglich mit Kreuzen markiert waren. Löwen rissen während der Studie keine Rinder mit Augenflecken, aber dafür ein paar Rinder aus den anderen beiden Kontrollgruppen.

Auch wir Menschen verändern unser Verhalten, wenn uns Augen anblicken. Studien zeigten, dass Menschen mehr Geld für einen guten Zweck spenden, wenn Augen auf die Spendenbox geklebt werden. Auch werden weniger Fahrräder gestohlen, wenn Augen von Postern auf den Fahrradstellplatz blicken. Wir Menschen fühlen uns wohl beobachtet und handeln wohlwollender, wenn wir Augen erblicken.

Duft als Verkleidung

Manche Insekten tarnen sich nicht als Teil einer Pflanze, sondern als ein ganz anderes Tier, wie eine Ameise. Dadurch erschleichen sie sich Kost und Logis, also Nahrung und Unterkunft. So leben zum Beispiel **Silberfischchen** der Art *Malayatelura ponerophila* heimlich in einem Ameisennest. Wird ein Silberfischchen **enttarnt** und als falsche Ameise erkannt, attackieren die Ameisen es aggressiv, was zum Tod des Silberfischchens führen kann. Die Silberfischchen sehen ganz anders aus als Ameisen. Sie sind viel kleiner, haben eine ganz andere Körperhaltung sowie Körperform und -farbe. Aber wie tarnen sich die Silberfischchen dann als Ameise? In einem Ameisennest erkennen sich Ameisen untereinander am **Geruch**. Die Silberfischchen tarnen sich somit mit **Ameisenduft**, den sie aber nicht selbst produzieren. Sie erhalten diesen Duft, indem sie sich an Ameisen reiben. Am besten eignet sich für diesen **Duftdiebstahl** das Reiben an frisch geschlüpften und deshalb noch wehrlosen Ameisen. Mit Ameisenduft getarnt, leben diese Silberfischchen dann gut geschützt in dem von Ameisen verteidigten Nest und fressen auch deren Vorräte wie zum Beispiel tote Grillen. Vor Gericht würde bei dem Motiv dieses Duftdiebstahls wahrscheinlich von einer **Verdeckungsabsicht** gesprochen werden.

Silberfischchen,
Sie haben das Recht
zu schweigen!

Eine Decke aus Pheromonen

Die Larven der **Schwarzbäuchigen Taufliege** verfolgen, wie auch viele andere Larven, ein ultimatives Ziel: Fressen, um zu wachsen. Wie du zu Beginn des Buches erfahren hast, vervielfachen diese Larven ihre **Körpergröße** innerhalb nur weniger Tage. Darum verwundert es dich vielleicht nicht zu sehr, dass diese eigentlich **vegetarisch** lebenden Larven unter extrem schlechten Futterbedingungen zu Kannibalen werden. Was jedoch stark überrascht, ist, dass sie unter diesen Bedingungen nicht nur Leichen und beschädigte Eier fressen, sondern dass sie sich sogar zu kannibalischen Jagdgruppen zusammenschließen. Die Jagdgruppen attackieren lebende Artgenossen, welche kurz vor der Verpuppung sind und damit viel größer als sie selbst.

Interessanterweise werden wehrlose, aber unbeschädigte Eier von Artgenossen nicht gefressen, obwohl der Inhalt nahrhaft ist und aus diesen Eiern potenzielle Konkurrenten um das verbleibende Futter oder potenzielle kannibalische Angreifer schlüpfen werden. Die Eier sind jedoch durch ein bestimmtes **Pheromon** in ihrer Hülle geschützt, das sie regelrecht versteckt. Laborversuche zeigten, dass wenn dieses Pheromon bei unbeschädigten Eiern fehlt, diese auch von den kannibalischen Larven gefressen werden. Auch wenn Futter mit diesem Pheromon besprüht wurde, hatten es die Larven nicht bemerkt und ignoriert. Das Pheromon hat sich scheinbar wie eine **Decke** über das Futter gelegt und es vor den Larven versteckt. Wird die **Schutzhülle** aus Pheromonen nur an einer einzelnen kleinen Stelle durchbrochen, zum Beispiel durch einen Nadelstich, wird das maskierte Futter beziehungsweise werden die Eier von den Larven aufgrund des Loches wieder bemerkt und gefressen.

Sind die Futterbedingungen sehr schlecht, werden die Larven der ***Schwarzbäuchigen Taufliege*** *zu Kannibalen. Jüngere, kleinere Larven attackieren große Larven, die kurz vor der Verpuppung sind, und beginnen, sie zu fressen.*

VERTEIDIGUNG

Wenn sie angegriffen werden, laufen manche Insekten fort und versuchen, sich zu **verkriechen** oder durch große Sprünge zu entkommen. Es gibt aber auch noch viele andere erstaunliche Strategien, einem Angriff zu entgehen oder diesen **abzuwehren**. Es gibt Insekten, die Angreifer durch **Illusionen** oder geschickte **Flugmanöver** austricksen. Andere Insekten verschanzen sich hinter selbst gebauten **Mauern**. Es gibt eine große Fülle von Techniken zu erkunden: Viel Spaß beim Selbstverteidigungskurs der Insekten!

Akustische Illusionen

Viele nachtaktive Insekten stehen auf dem Speiseplan von **Fledermäusen**. Die Große Braune Fledermaus jagt nachts Motten mittels Echoortung, die auch **Ultraschallortung** genannt wird. Dabei gibt die Fledermaus hohe Laute, sogenannte Ultraschallwellen, von sich und erkennt am **Echo** ihrer Rufe, wo sich Beutetiere wie Motten befinden. Viele, aber nicht alle Fledermausarten besitzen ein Echoortungssystem. Die Echoortung nutzen die Fledermäuse nicht nur zur Jagd, sondern auch, um sich zu orientieren. Dank der Echoortung erkennen sie zum Beispiel, auch wenn es absolut dunkel ist, nicht nur Beutetiere, sondern auch Hindernisse wie einen Baum. Um die hohen Laute der Fledermäuse auch für Menschen hörbar zu machen, wurden spezielle Fledermausdetektoren entwickelt.

Manche **Motten** tricksen die Echoortung der Fledermäuse jedoch aus. Die Mottenart *Argema mimosae*, die im Englischen „African moon moth" – auf Deutsch „Afrikanische Mondmotte" – heißt, verwendet ihre Flügel für eine **Illusion**. Die Afrikanische Mondmotte besitzt an ihren smaragdgrünen Flügeln etwa zwölf Zentimeter lange Anhänge. Diese Flügelanhänge werden am Ende breiter und erinnern dadurch ein wenig an **Löffel**. Mithilfe dieser leicht löffelförmigen Anhänge erzeugt die Afrikanische Mondmotte eine akustische Illusion, also eine klangliche Täuschung. Denn die Fledermaus empfängt nicht nur das Echo des Mottenkörpers, sondern auch die Echos der Flügelanhänge. Dies erzeugt bei der Fledermaus wahrscheinlich die akustische Illusion, dass sie nicht eine einzelne Motte, sondern drei Beutetiere gleichzeitig verfolgt. Von ihrer Echoortung fehlgeleitet, greift die Fledermaus in vielen Fällen nicht die Motte direkt, sondern vielmehr ins Leere in der Nähe der **Flügelanhänge**. Bei wissenschaftlichen Experimenten gelang es nur jeder dritten Afrikanischen Mondmotte nicht, einem Angriff der Großen Braunen Fledermaus zu entkommen. Verkürzten die Wissenschaftler die Flügelanhänge auf 8,5 Zentimeter, entkam nur noch die Hälfte der Motten einem Fledermausangriff. Und wurden den Motten die Flügelanhänge komplett entfernt, gelang nur noch jeder dritten Motte die Flucht.

Die langen Flügelanhänge dienen der Verteidigung und führen bei den Fledermäusen zu **Sinnestäuschungen**.

Eine klasse Anti-Fledermaus-Verteidigung: das Navigationsgerät des Angreifers stören!

Spiralförmiger Sturzflug

Die Flügel der **Afrikanischen Mondmotte** dienen nicht nur dem Fliegen, sondern auch der Illusion. Neben den Augenflecken besitzen die Motten auch lange Anhänge an den Flügeln. Diese Flügelanhänge stören die Echoortung von Fledermäusen.

Die **Gefleckttflüglige Ameisenjungfer** beherrscht effektive Flugmanöver, wie zum Beispiel einen spiralförmigen Sturzflug, um einer angreifenden Fledermaus zu entkommen.

Ameisenjungfern sind überraschenderweise keine Ameisen, sondern eine Familie der Netzflügler. Ihr Aussehen erinnert mit den vier Flügeln und den länglichen Körpern an Libellen. Im Gegensatz zu ihrem Nachwuchs sind die Ameisenjungfern eher unbekannt. Ihre Larven, welche auch **Ameisenlöwen** genannt werden, beherrschen eine spezielle Jagdstrategie und stellen Ameisen und anderen kleinen Tieren eine Falle (mehr über die Ameisenlöwen erfährst du im nächsten Kapitel „Angriff" auf den Seiten 100 und 101).

Auch Ameisenjungfern stehen auf dem Speiseplan von Fledermäusen. Wie du bereits im Text zuvor erfahren hast, nutzen viele Fledermäuse zur Jagd die **Ultraschallortung**. Auf Ultraschall reagieren fliegende Ameisenjungfern entweder, indem sie abrupt die Richtung, Höhe und Geschwindigkeit ihres Fluges ändern oder indem sie in einem **spiralförmigen Sturzflug** zu Boden rasen. Dieses Flugmanöver können die Ameisenjungfern vor der angreifenden Fledermaus schützen. Forschende haben berechnet, dass die untersuchten Ameisenjungfern ihr Ausweichverhalten frühestens bei einer Entfernung von sechs Metern zu einer attackierenden Fledermaus zeigen. Greift eine Weißrandfledermaus mit einer Geschwindigkeit von 6,7 Metern pro Sekunde an, so hat die Ameisenjungfer selbst im besten Fall nur weniger als eine Sekunde Zeit, um ihr **Ausweichmanöver** zu beenden.

Ist die Ameisenjungfer damit erfolgreich, so war es im wahrsten Sinne „Rettung in allerletzter Sekunde".

Aufgepasst!

Die Mottenart Bertholdia trigona besitzt zwar keine Flügelanhänge, aber dafür eine andere Strategie, um einem Fledermausangriff zu entgehen. Diese Motte erzeugt klickende Geräusche, die ebenfalls die Echoortung der Fledermaus durcheinanderbringen. Und die Fledermaus fängt erneut keine Motten, sondern nur Luft.

Seidene Mauern

Mauern und Barrieren halten **Eindringlinge** auf, darum waren früher viele Städte und Burgen mit hohen Mauern umgeben. Auch manche Insekten bauen sich Unterkünfte, welche die Bewohner von der Umgebung abschotten und dadurch vor Fressfeinden oder Futterdieben schützen. Zu diesen Insekten gehören zum Beispiel die Tarsenspinner.

Die Tarsenspinnerart *Antipaluria urichi* ist etwa 1,6 Zentimeter groß und lebt auf der karibischen Insel Trinidad. **Seide** spielt eine zentrale Rolle im Leben der Tarsenspinner, die als Larven und im Erwachsenenalter selber Seide produzieren können. Die Seide der untersuchten Tarsenspinnerart ist mattweiß und überspannt **Flechten**, die auf Baumrinden wachsen. Hinter diesen seidenen Mauern leben die Tarsenspinner abgeschottet von der Umgebung und ernähren sich von den Flechten. Es wurden bereits **Gespinste** entdeckt, die eine Fläche von etwa 17 050 Quadratzentimeter überspannten. Dies entspricht der Fläche von ungefähr 27,5 aneinandergelegten A4-Blättern Papier. A4 ist genau die Größe eines einzelnen Blattes eines großen Schulheftes. Die weiblichen erwachsenen Tarsenspinner leben entweder alleine oder schließen sich mit anderen Weibchen zusammen. Es wurde eine Kolonie entdeckt, in welcher 24 erwachsene Weibchen und ihre 48 Nymphen lebten. Tarsenspinnermütter beschützen ihre Eier gegen **Eindringlinge**, wie winzige parasitoide Wespen, und kümmern sich auch um die Larven. Größere Fressfeinde, wie Spinnen oder Ameisen, werden von den seidenen Mauern aufgehalten.

Die Tarsenspinner produzieren die Seide mit den Füßen ihrer Vorderbeine. In den beiden Vorderfüßen befinden sich mit flüssiger Seide gefüllte Drüsen. Wird der äußerst weiche **Vorderfuß** auf ein Objekt, zum Beispiel die Baumrinde, gedrückt, so verformt sich der Fuß und auf die Seidendrüsen wird Druck ausgeübt. Dadurch wird Seide aus den Drüsen gepresst. Die Unterseite der Vorderfüße ist mit vielen haarähnlichen Strukturen übersät, aus denen die flüssige Seide austritt. Die Seide bleibt an der Baumrinde haften und verfestigt sich an der Luft. Wird nun der Fuß angehoben, so bleibt die Seide immer noch an der Baumrinde haften, und Seidenfäden werden gesponnen, bis der Tarsenspinner sie abschneidet. Sie treten mit den Vorderfüßen immer wieder neben und über ihren Körper, so bauen sie nach und nach ein **Gerüst** aus Seidenfäden um sich herum. Dann drehen sie sich auf den Rücken und treten gegen das Gerüst, wodurch es mit mehr Seidenfäden verstärkt wird.

*Die **Tarsenspinnerart Antipaluria urichi** schützt sich vor anderen Tieren durch selbst gebaute seidene Mauern. Sie produzieren die Seide mit ihren relativ großen Vorderfüßen. In diesen befinden sich mit flüssiger Seide gefüllte Drüsen.*

Tarsenspinner haben einen speziellen Gang, wodurch sie nicht bei jedem Schritt Seide spinnen. Krabbeln sie vorwärts, so laufen sie quasi auf den **Zehenspitzen**. Und bewegen sie sich rückwärts, so schieben sie sich mit den **Fersen** nach hinten.

Aber Moment mal – Seidenfäden aus den Vorderfüßen schießen? Das erinnert doch an einen berühmten **Comic-Helden**, der Superkräfte erlangte, weil er angeblich von einer radioaktiv verseuchten Spinne gebissen wurde – oder war es doch ein radioaktiv verseuchter Tarsenspinner?

Larvales Wrestling

Puppenräuber sind Käfer, die sich unter anderem von **Schmetterlingslarven** ernähren. Jedoch ist nicht jede Raupe eine wehrlose und leichte Beute. Bei einem Angriff eines Puppenräubers dreht die Schmetterlingsraupe *Langia zenzeroides* den Spieß zum Beispiel einfach um. Beißt der etwa viermal so kleine Puppenräuber die bis zu 13 Zentimeter lange **giftgrüne Raupe**, so biegt diese ihren Körper und versucht, den Puppenräuber mit ihren Mundwerkzeugen zu greifen. Gelingt es der Raupe, ein Bein des Puppenräubers zu fassen, so schnellt ihr **Kopf** zurück und schwingt zur anderen Körperseite. Dabei schleudert sie den Käfer fort, der dabei sogar sein Bein verlieren kann. In **Experimenten** wurde beobachtet, dass die Hälfte der angreifenden Käfer von der Raupe mit einer giftgrünen Flüssigkeit angespuckt wurde. Dabei handelt es sich um den Mageninhalt der Raupe, also quasi um **Erbrochenes**. Das könnte als chemische Waffe gegen den Angreifer dienen. Zusätzlich kann die Raupe auch den Angreifer anzischen, indem sie Luft aus Öffnungen an ihrem Hinterleib pustet. Vom Biss des Käfers bis zu dem Zeitpunkt, an dem der Käfer angezischt, angespuckt und fortgeschleudert wurde, vergeht weniger als eine Sekunde. In den Experimenten wurde zwar beobachtet, dass manche Puppenräuber ein Bein verloren, aber keine einzige der Raupen verlor ihr Leben.

Die ***Schmetterlingsraupe Langia zenzeroides*** *wehrt sich kraftvoll gegen den angreifenden* ***Puppenräuber*** *der Art* ***Calosoma maximowiczi.*** *Mit ihren Mundwerkzeugen packt die Raupe ein Bein des Puppenräubers und schwingt ihren Kopf ruckartig zur anderen Seite. Dadurch wird der Käfer fortgeschleudert. Die Raupe zischt den Angreifer auch an. An der Stelle des hintersten Augenflecks pustet die Raupe Luft aus ihrem Körper heraus und erzeugt dadurch dieses Zischen.*

Eine sehr effektive Verteidigungsstrategie!

Ein heißer, giftiger Pups

Bombardierkäfer sind dafür bekannt, dass sie bei Gefahr aus ihrem Hinterleib eine heiße, giftige Flüssigkeit schießen. Bei manchen Arten ist die Flüssigkeit etwa 100 Grad Celsius heiß, also so heiß wie **kochendes Wasser**. In ihrem Hinterleib bewahren die Käfer in zwei getrennten Kammern zwei **Chemikalien** auf, die bei Gefahr zusammengemischt werden. Eine chemische Reaktion beginnt und führt dazu, dass mit einem lauten Knall das heiße und ätzende Gemisch aus dem **Käferhinterleib** geschossen wird. Das Versprühen dieser heißen und giftigen Flüssigkeit kann Angreifer abwehren, aber manchmal sind die Fressfeinde auch schneller.

Während eines Experiments wurde beobachtet, dass **Kröten**, wie zum Beispiel die Japanische Erdkröte, mit ihren **klebrigen Zungen** blitzschnell Bombardierkäfer fingen und herunterschluckten. Wurde ein Asiatischer Bombardierkäfer *Pheropsophus jessoensis* von einer Kröte verschluckt, so hörten die Forschenden einen Knall aus dem Innern der Kröte kommen. Der Bombardierkäfer hat also in der Kröte die heiße, ätzende Flüssigkeit versprüht. Diese führte dazu, dass die Kröte brechen musste. Durch diese Verteidigungsstrategie gelang 16 von 37 Käfern zwischen 12 bis 107 Minuten nach dem Knall die Flucht. Sie wurden schleimig, aber dank des Käferpupses lebendig von der Kröte wieder erbrochen.

***Bombardierkäfer** verteidigen sich, indem sie eine sehr heiße und giftige Flüssigkeit aus ihrem Hinterleib schießen.*

Die Bodyguard-Raupe

Im **Puppenstadium** sind Insekten meistens eine besonders leichte Beute, da sie sich nicht wehren oder gar flüchten können. Aus diesem Grund brauchen sie besonderen Schutz. Aber woher nehmen und nicht stehlen? Die Puppen einer brasilianischen **Brackwespenart** haben sich dafür ganz einfach einen **Bodyguard** zugelegt. Ein Weibchen dieser Brackwespen legt hierfür ihre Eier in einer bestimmten **Schmetterlingsraupenart** namens *Thyrinteina leucocerae* ab, indem sie mit ihrem Eiablageapparat in die Raupe sticht. Die schlüpfenden Brackwespenlarven sind **Parasiten** und ernähren sich von der Schmetterlingsraupe und wachsen in ihr heran. Die Schmetterlingsraupe frisst ihrerseits auch und wächst und häutet sich. Sobald die Brackwespenlarven groß genug sind, verändern sie ihr Verhalten. Nun verlassen sie ihren Wirt, um sich zu verpuppen. In direkter Nähe zu der Raupe spinnen sie sich dafür in einen Kokon ein. Auch die Raupe verändert ihr Verhalten und hört auf, zu fressen oder sich fortzubewegen. Die Raupe wird nun zum Bodyguard der Brackwespenpuppen. Sie steht auf ihrem Hinterleib und schlägt mit ihrem Kopf nach sich nähernden Fressfeinden der Brackwespenpuppen. Zum Beispiel kann eine sich nähernde Wanze durch diese **Kopfnüsse** weit fortgeschleudert werden. Fällt der Schutz durch die Bodyguard-Raupe weg, so verdoppelt sich die Sterberate der Brackwespenpuppen. Die Raupe stirbt aber auf jeden Fall, wahrscheinlich an Nahrungsmangel, kurz nachdem aus den Puppen erwachsene Brackwespen geschlüpft sind. Die Frage, wie die Puppen es schaffen, dass die Raupe ihr Beschützer wird, ist nicht ganz geklärt. Während die meisten Brackwespenlarven den **Wirt** verlassen, um sich zu verpuppen, bleiben ein bis zwei Larven in der Raupe zurück. Es wird vermutet, dass sich die zurückbleibenden Larven opfern und die Raupe durch **Hormone** manipulieren und zum Bodyguard für ihre Geschwister machen.

Brackwespenlarven machen sich nun mal nicht gerne selber die Hände schmutzig.

ANGRIFF

Insekten greifen andere Tiere aus unterschiedlichen Gründen an: Sie fühlen sich **bedroht**, sie wollen ihr Nest oder ihre Futterquelle **verteidigen** oder sie gehen auf die **Jagd**. Wie du im vorherigen Kapitel bereits erfahren hast, sind Beutetiere aber nicht immer wehrlos und verteidigen sich auf verschiedene Art und Weisen. Die Evolution hat beim Wettrüsten von Räuber und Beute zu sehr erstaunlichen Verhaltensweisen mancher Insekten geführt. Es ist vielleicht etwas makaber, aber viel Spaß mit den Zombiemachern und Meuchelmördern unter den Insekten.

Der Zombiemacher

Juwelwespen sehen mit ihrem grünbläulichen und metallisch glänzenden Körper sehr interessant aus. Aber noch interessanter ist ihre besondere Jagdstrategie! Bei der Überwältigung von Beute wie der **Amerikanischen Großschabe**, die um einiges größer ist als die Juwelwespe, setzt sie auf **Treffsicherheit** und ein besonderes **Gift**. Zuerst packt die Juwelwespe mit ihren Mundwerkzeugen die Schabe hinter ihrem Kopf am **Halsschild**. Mit zwei gezielten Stichen injiziert die Wespe ihr Gift in das Nervensystem der Schabe. Zum Nervensystem gehören das Gehirn sowie alle anderen Nervenzellen. Zur Aufgabe des Nervensystems gehört zum Beispiel, dass die Informationen der Sinne verarbeitet und entsprechende Verhaltensänderungen ausgeführt werden. Berührt die Schabe zum Beispiel mit ihren **Antennen** die Juwelwespe, werden die Informationen, die ihre Antennen ertasten, im Nervensystem verarbeitet: Die Gefahr wird erkannt, und daraufhin wird ein Flucht- oder Verteidigungsverhalten ausgelöst.

Der erste Stich der Juwelwespe dient dazu, dass die Vorderbeine der Schabe kurzzeitig **gelähmt** werden. Dadurch wird die Flucht der Schabe verhindert. Außerdem kann die Schabe so auch ihre Vorderbeine nicht mehr dazu einsetzen, um die Juwelwespe von ihrem zweiten Stich abzuhalten. Der zweite giftige Stich geht direkt ins Gehirn der Schabe und führt dazu, dass die Schabe ihren **Fluchtreflex** verliert. Sie wird quasi in eine willenlose **Zombieschabe** verwandelt. Sie kann sich zwar noch bewegen, aber versucht sich nun nicht mehr zu wehren oder zu flüchten. Ganz im Gegenteil, sie folgt der Wespe sogar in ein Erdloch. Hierzu packt die Juwelwespe mit ihren Mundwerkzeugen eine Antenne der Schabe und führt sie wie einen Hund an der Leine. In dem Erdloch angekommen, legt die Juwelwespe ein Ei auf die willenlose Schabe. Anschließend verschließt die Juwelwespe den Eingang des Erdlochs mit Steinen und Stöckchen. So kann kein anderer Fressfeind die Schabe verspeisen. Es dauert etwa zwei Tage, bis eine **Larve** aus dem Ei schlüpft. Die Larve beginnt, die wehrlose Zombieschabe nach und nach bei lebendigem Leib aufzufressen.

Falls du für die nächste Halloween-party noch ein passendes Kostüm benötigst, wie wäre es mit Juwelwespe? Der pure Horror!

Hier siehst du die besondere Jagdstrategie der ***Juwelwespen****. Auf der linken Seite packt eine Juwelwespe mit ihren Mundwerkzeugen eine* ***Amerikanische Großschabe*** *am Halsschild. Die Juwelwespe biegt ihren Hinterleib und injiziert ihr Gift in das Nervensystem der Schabe. Auf der rechten Seite packt die Juwelwespe mit ihren Mundwerkzeugen eine Antenne der Schabe und führt ihr Opfer in ein Erdloch.*

Aufgepasst!

Die Amerikanische Großschabe ist vor dem ersten Juwelwespenstich ganz und gar kein wehrloses Opfer. Im Kapitel „Sinne“ auf den Seiten 22 und 23 hast du bereits erfahren, wie schlagkräftig sich diese Schabe wehrt.

Der Meuchelmörder

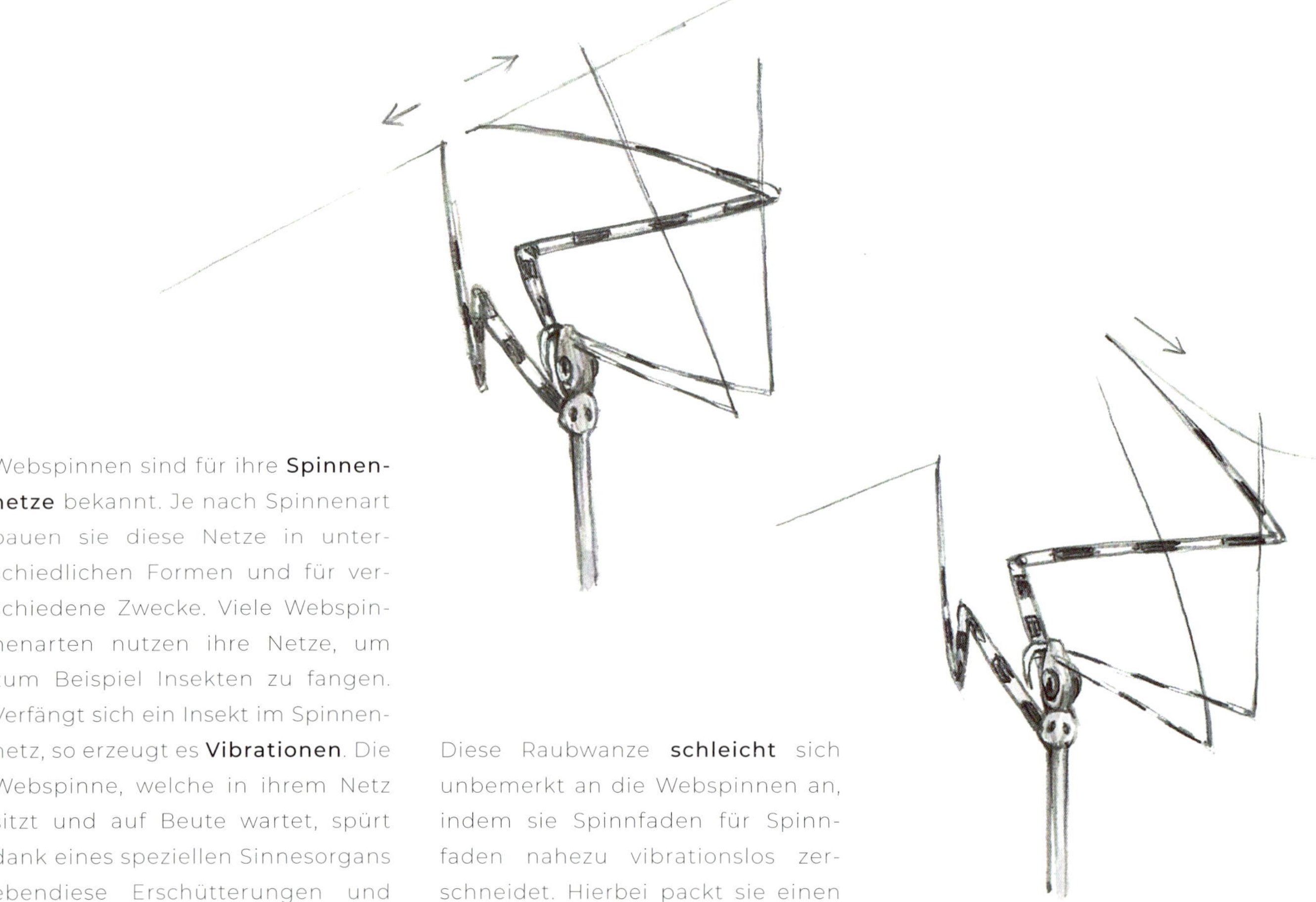

Webspinnen sind für ihre **Spinnennetze** bekannt. Je nach Spinnenart bauen sie diese Netze in unterschiedlichen Formen und für verschiedene Zwecke. Viele Webspinnenarten nutzen ihre Netze, um zum Beispiel Insekten zu fangen. Verfängt sich ein Insekt im Spinnennetz, so erzeugt es **Vibrationen**. Die Webspinne, welche in ihrem Netz sitzt und auf Beute wartet, spürt dank eines speziellen Sinnesorgans ebendiese Erschütterungen und selbst kleinste Schwingungen im Spinnennetz. Nun muss die Spinne nur noch zu ihrer wehrlosen Beute krabbeln und zuschlagen.

Es gibt aber auch Insekten, die sich von Webspinnen ernähren. Zu diesen Insekten zählt eine **Raubwanzenart** namens *Stenolemus giraffa*, welche eine ganz ausgekochte Jagdstrategie besitzt: Sie gehen freiwillig in das Netz der Spinne, um sie zu schnappen. Diese Raubwanzen sind recht groß und können nicht fliegen, das heißt, um zur Spinne zu gelangen, müssen sie sich einen Weg direkt durchs Spinnennetz bahnen, ohne entdeckt zu werden. Falls die Raubwanze beim Anschleichen doch von der Spinne entdeckt wird, wird die Jägerin plötzlich zur Gejagten.

Diese Raubwanze **schleicht** sich unbemerkt an die Webspinnen an, indem sie Spinnfaden für Spinnfaden nahezu vibrationslos zerschneidet. Hierbei packt sie einen Spinnfaden mit beiden Vorderfüßen so, dass sich die beiden Vorderfüße beinahe berühren. Dann zieht sie ihre Vorderfüße voneinander weg, bis der **Faden** reißt. Nun lässt die Raubwanze die beiden Fadenenden aber nicht etwa lossausen. Nein, die Raubwanze hält beide Enden noch ein paar Sekunden fest, um dann eines der beiden Vorderbeine in Richtung des Befestigungspunktes des Fadens zu bewegen. Erst wenn der Faden genug **Spannung** verloren hat und durchhängt, lässt die Raubwanze das Ende los. Diesen Vorgang wiederholt sie mit dem zweiten Vorderfuß, welcher das andere Fadenende festhält. Anschließend schleicht sie weiter in Richtung Webspinne und zerschneidet auf die gleiche Weise Faden für Faden des Spinnennetzes.

Besonders erstaunlich daran ist, dass die Spinne das Anschleichen der Raubwanze in der Regel nicht spürt, obwohl Webspinnen dafür bekannt sind, dass sie ihre Netze wie Fortsätze ihrer Beine nutzen und selbst kleinste **Schwingungen** am Netz wahrnehmen können. Die Raubwanze hat die richtige Taktik und nähert sich der Spinne, wenn diese abgelenkt ist: Sie nutzt den **Wind**, der durch das Spinnennetz weht. Dieser erzeugt starke Schwingungen und beeinträchtigt so die Wahrnehmung der Spinne von Vibrationen im Netz. Die Raubwanze

nutzt also diese Gegebenheit aus und neigt dazu, Spinnfäden immer dann und auch schneller zu **durchtrennen**, wenn es windig ist. Der Wind ist somit ihre **Tarnung**.

Klingt wie ein Märchen, ist aber wahr – der Wind, der Wind, das himmlische Kind.

*Die **Raubwanze** der Art **Stenolemus giraffa** schleicht sich an eine **Große Zitterspinne** an (oben). Um die Spinne zu erreichen und um nicht vorher von ihr entdeckt zu werden, muss die Raubwanze lautlos durch das Spinnennetz kommen. Hierzu packt sie einen Spinnfaden nach dem anderen mit beiden Vorderfüßen. Dann zieht sie ihre Vorderfüße voneinander weg, bis der Faden reißt (links oben). Die Raubwanze hält zunächst noch beide Enden fest. Dann bewegt sie ein Vorderbein in Richtung des Befestigungspunktes des Fadens, dadurch verliert der Faden Spannung und hängt durch (unten Mitte). Erst dann lässt die Raubwanze das Ende los. Diesen Vorgang wiederholt sie mit dem zweiten Vorderfuß. Auf diese Weise schleicht die Raubwanze unbemerkt durch das Spinnennetz. War die Jagd erfolgreich, dann sticht diese Raubwanze mit ihren stechend-saugenden Mundwerkzeugen in den weichen Hinterleib der Spinne (rechts unten). Die Raubwanze frisst, indem sie die Spinne aussaugt.*

Auflauern und Sandwerfen

Die **Gefleckflüglige Ameisenjungfer** gehört zur Ordnung der Netzflügler und erinnert mit ihrem Aussehen stark an Libellen. Unter anderem leben diese Insekten in Deutschland, Österreich und der Schweiz. Ihre Larven werden auch **Ameisenlöwen** genannt. Ameisenlöwen ernähren sich von Ameisen und anderen Gliederfüßern. Hierbei lauern sie ihrer Beute in einem **Hinterhalt** auf.

Das Erstaunliche ist, dass die Ameisenlöwen ihrer Beute eine Falle stellen.

Dazu graben sie **Fangtrichter** in den Sand. Der etwa 1,2 Zentimeter große Ameisenlöwe gräbt einen Fangtrichter mit einem Radius von drei Zentimetern in den Boden. Die sandigen Wände dieses Fangtrichters sind mit etwa 31 Grad recht steil. Beim Bauen seiner Falle sortiert der Ameisenlöwe die Sandkörner so, dass er eher kleine Sandkörner verwendet. Das hat den Vorteil, dass die aus feinem Sand bestehenden Fangtrichterwände **rutschiger** sind. Unten, in der Nähe des Zentrums, lauert der Ameisenlöwe eingegraben auf seine Beute. Er nimmt selbst feinste **Erschütterungen** wahr, die ein sich näherndes Beutetier beim Krabbeln erzeugt. Betritt eine Ameise oder ein anderes Beutetier den Fangtrichter, so löst sich an der instabilen Wand eine kleine **Sandlawine,** und das Beutetier rutscht quasi auf einer Sandrutsche nach unten in den Fangtrichter, also in Richtung Ameisenlöwe. Beim Versuch, aus dem Fangtrichter zu fliehen, bewirft der Ameisenlöwe das fliehende Beutetier mit **Sand**. Hierzu schwingt der Ameisenlöwe seinen Kopf hin und her. Dadurch wird Sand aus dem Zentrum des Fangtrichters an die Wände geworfen. Durch das Werfen des Sandes wird aber auch der Fangtrichter funktionstüchtig gehalten, da so die **Trichterwände** stets sehr steil und instabil bleiben. Die mit Sand beworfene Beute wird hierdurch abgelenkt. Zusätzlich werden so neue, winzige Sandlawinen ausgelöst, welche das Beutetier noch weiter in die Mitte des Fangtrichters treibt. Ist die Beute nah genug am Ameisenlöwen, packt er zu und frisst sie.

Wusstest du?

Das Bauen von Fallen ist ein sehr seltenes Verhalten von Tieren. Die wohl bekanntesten Fallen im Tierreich werden nicht von einem Insekt, sondern von manchen Vertretern der Spinnentiere gebaut: die seidenen Spinnennetze. Fallen dir noch weitere Tiere ein, die Fallen stellen?

__Gefleckflüglige Ameisenjungfern__ können mit Libellen verwechselt werden (oben). Ihre Larven werden auch Ameisenlöwen genannt (unten im Kreis). __Ameisenlöwen__ bauen sich im Sand einen Fangtrichter. Dann graben sie sich ein und lauern auf Beute. Eine __Ameise__ hat den Fangtrichter betreten. Bei ihrem Versuch, den Fangtrichter zu verlassen, wird sie vom Ameisenlöwen mit Sand beworfen. Dies löst kleine Sandlawinen aus und die Ameise rutscht tiefer in den Fangtrichter. Kommt sie hierbei dem Ameisenlöwen zu nah, packt er zu und frisst sie.

Fortpflanzung mit Todesfolge

Fangschrecken besitzen einen äußerst beweglichen dreieckigen Kopf. Ihre mit Dornen besetzten Vorderbeine sind hoch spezialisierte Waffen und werden als **Fangbeine** bezeichnet. Um der Beute aufzulauern, verharren viele Fangschreckenarten oft für längere Zeit regungslos da, gut **getarnt** zum Beispiel auf Blüten oder Zweigen, und legen ihre Fangbeine angewinkelt vor ihre Brust. Diese Haltung erinnert an eine Art Gebetshaltung, weswegen sie auch **Gottesanbeterinnen** genannt werden. Nähert sich ein Beutetier, so packen die Fangschrecken blitzschnell mit ihren dornenbesetzten Fangbeinen zu. Zur Beute gehören aber manchmal auch männliche Gottesanbeterinnen.

Unter Laborbedingungen endeten bei der Fangschreckenart *Miomantis caffra* 60 Prozent der Paarungsversuche damit, dass das Männchen vom Weibchen gefressen wurde. Experimente zeigten, dass die Männchen jedoch verschiedene **Strategien** besitzen, um nicht gefressen zu werden. War zum Beispiel Beute anwesend, so ignorierten die Männchen die Beute komplett und näherten sich vorsichtig und aufmerksam dem Weibchen. Das Weibchen hingegen war durch die Beute **abgelenkt** und konzentrierte sich nur auf diese. Die Männchen überrumpeln quasi das auf Beute lauernde Weibchen. So kam es viel schneller und deutlich häufiger zu **Paarungen**, wenn die Weibchen durch die Jagd auf Beute abgelenkt waren. War keine Ablenkung vorhanden, konnte das Männchen eine Strategie ganz nach dem Motto „Angriff ist die beste Verteidigung" nutzen. Hierbei kam es zu einem regelrechten **Kampf** auf Leben und Tod zwischen dem Fangschreckenpaar.

Auch hierbei näherte sich das Männchen dem Weibchen. Jedoch wurde es ohne die Ablenkung leicht vom Weibchen entdeckt. Nun kam es zu einem **Ringen**. Gelang es dem Weibchen als Erstes, den Partner mit seinen Fangbeinen zu packen, so wurde das Männchen gefressen, noch bevor es zur Paarung kam. Gelang es jedoch dem Männchen, die Partnerin zuerst zu ergreifen und festzuhalten, so standen die Zeichen für eine Paarung gut. Jedoch endete die Hälfte dieser Paarungen auch damit, dass das Männchen im Anschluss vom Weibchen **verspeist** wurde. Es wurden schon Paarungen von Fangschrecken beobachtet, bei denen das Weibchen den Kopf des Männchens auffraß. Das **kopflose** Männchen war aber noch imstande, die Paarung erfolgreich fortzuführen.

Da bekommt die Redensart „Ich habe dich zum Fressen gern" eine ganz neue Bedeutung.

*Bei der Paarung von **Fangschrecken** der Art **Miomantis caffra** muss das kleinere Männchen aufpassen, dass es nicht vom größeren Weibchen gefressen wird. Die Spermien des Männchens gelangen in das Weibchen, indem sich die Enden der Hinterleiber verbinden.*

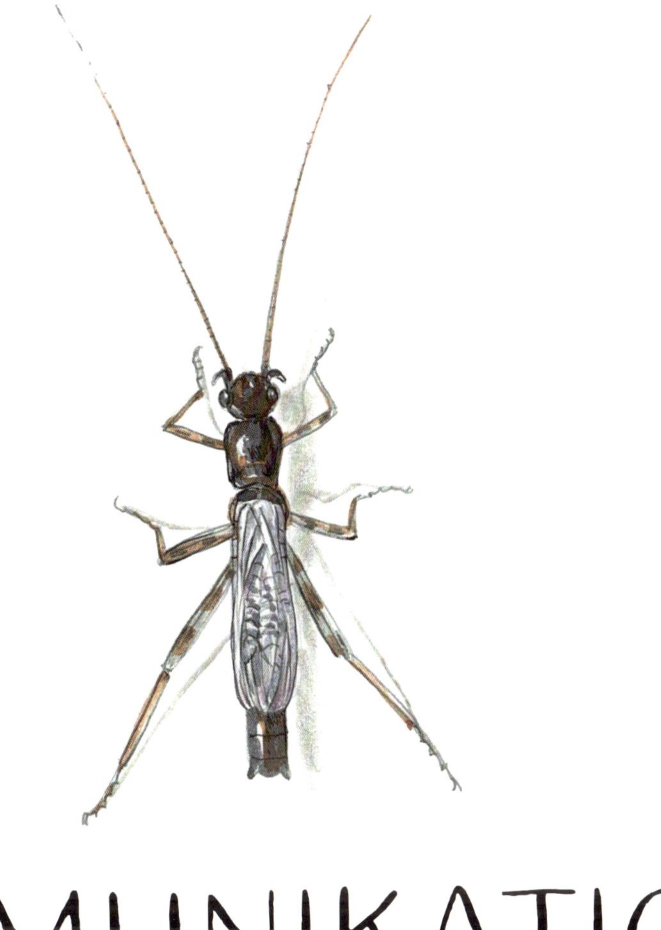

KOMMUNIKATION

Für Tiere ist die Verständigung mit Artgenossen, aber auch mit Tieren anderer Arten, sehr wichtig. Insekten kommunizieren, um ein anderes Insekt anzulocken, um sich gegenseitig vor drohenden Gefahren zu warnen oder um sich gegenseitig einen Weg zur Futterquelle zu erklären sowie für noch viele weitere Dinge. Insekten können zum Beispiel mithilfe von **Geräuschen, Erschütterungen, Gerüchen** oder aber auch mit einer Art **Zeichensprache** kommunizieren. Und bei den Taufliegen gibt es sogar eine Art Dialekt.

Taufliegendialekt

In dem Kapitel „Verteidigung" hast du erfahren, dass es Wespen gibt, welche ihre Eier in einer Raupe ablegen. Die aus den Eiern schlüpfenden Wespenlarven ernähren sich anschließend von der Raupe. Solche Wespen nennt man auch **parasitoide Wespen**. Es gibt auch parasitoide Wespen, die ihre Eier in Larven der **Schwarzbäuchigen Taufliege** ablegen.

Um einen Angriff von parasitoiden Wespen abzuwehren, stellen sich die Larven zum Beispiel tot oder graben sich schnell im Futter ein. Aber am besten ist es, wenn das Ei, aus dem eine Larve schlüpfen wird, nicht an einem Ort abgelegt wurde, an dem es bereits parasitoide Wespen gibt. Bei vielen Arten von Taufliegen wurde beobachtet, dass Weibchen deutlich weniger Eier ablegen, wenn sie parasitoide Wespen wahrnehmen. Diese **drohende Gefahr** kommunizieren die Weibchen auch anderen Taufliegenweibchen. Die gewarnten Fliegen legen ihrerseits auch weniger Eier ab, ohne je selbst die parasitoiden Wespen gesehen zu haben. Wie genau diese Kommunikation funktioniert, ist noch nicht komplett erforscht, aber es scheint eine Art **Zeichensprache** mittels Flügelbewegungen zu sein. Um die drohende Gefahr erfolgreich zu kommunizieren, müssen die Taufliegen ihre Flügel bewegen und ihre Artgenossinnen müssen diese sehen können. Die Taufliegen warnen nicht nur Artgenossinnen, sondern auch Weibchen anderer Taufliegenarten. Jedoch kommunizieren die jeweiligen Arten in unterschiedlichen **Dialekten**, sodass die drohende Gefahr von Taufliegen einer anderen Art nicht unbedingt korrekt oder sogar gar nicht verstanden wird. Doch Taufliegen sind in der Lage, den Dialekt bestimmter anderer Taufliegenarten zu lernen. Teilen sich die ausgewachsenen Tiere verschiedener Taufliegenarten einen Lebensraum und haben Kontakt zueinander, so können einige Taufliegen den Dialekt der jeweils anderen Art verstehen lernen. Hierfür reicht bloßer **Sichtkontakt** aber nicht aus, die Fliegen müssen sich außerdem auch **riechen** können und sowohl Weibchen als auch Männchen müssen anwesend sein. Ist der Dialekt gelernt, so können auch diese Weibchen die Warnung der Weibchen der entsprechend anderen Art sehen und verstehen und legen aufgrund der kommunizierten Warnung weniger Eier.

Fliang, de oan Dialekt lerna?! Des is oafach eastaunlich!

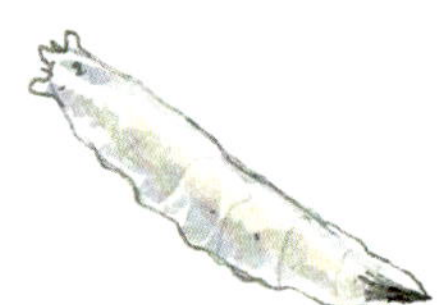

*Parasitoide Wespen legen ihre Eier in den Larven der **Schwarzbäuchigen Taufliege** ab.*

Paarungsruf-Imitator

Aufgepasst!

Die südamerikanische Heuschrecke **Supersonus aequoreus** erzeugt Paarungsrufe mit ihren nur einen Millimeter langen Flügeln. Die Flügel schwingen ähnlich wie das Fell einer Trommel. Die Frequenz des Paarungsrufes ist mit 150 Kilohertz die höchste in der Tierwelt. Zum Vergleich, wir Menschen hören Frequenzen etwa zwischen 0,02 und 20 Kilohertz.

Verschiedene Tiere, vom röhrenden Hirsch in der **Brunftzeit** bis zu den zirpenden Zikaden am Sommerabend, nutzen **Lockrufe**, um Partner für die Paarung zu finden. Das Erzeugen von Tönen durch das Aneinanderreiben zweier Körperteile, wie zum Beispiel die Hinterbeine oder die Flügel, bezeichnet man als **Stridulation**. Stridulationsgeräusche werden bei einigen Insekten als Paarungsrufe eingesetzt. In der Regel variieren die **Paarungsrufe** von Art zu Art, sodass sich zum Beispiel nur Zikaden derselben Art gegenseitig anlocken. Jedoch erkennen auch viele Räuber die Paarungsrufe ihrer Beute und werden so angelockt. In dem Kapitel „Tarnung, Warnung und Täuschung" hast du bereits Insekten kennengelernt, die durch ihr Aussehen oder ihren Geruch mit Tieren anderer Arten verwechselt werden. Es gibt aber auch Insekten, welche die Lockrufe anderer Arten **imitieren**. Die australische **Laubheuschrecke** *Chlorobalius leucoviridis* kann den Paarungsruf von männlichen Zikaden verschiedener Arten erkennen und die artspezifische **Antwort** der entsprechenden weiblichen Zikaden imitieren. Dieses Talent nutzt die Laubheuschrecke wie die Sirenen in der griechischen Mythologie. Denn die männlichen Zikaden, die auf diese Lockrufe reinfallen, finden nicht eine Partnerin zur Paarung, sondern den Tod, da sie gefressen werden.

*Die australische **Laubheuschrecke Chlorobalius leucoviridis** ist ein wahrer Paarungsrufimitator. Auf die Paarungsrufe männlicher Zikaden verschiedener Arten antwortet die Laubheuschrecke mit dem passenden Paarungsruf des entsprechenden Weibchens der jeweiligen Art.*

So wird aus einem Blind Date ein Dinner for One.

Schwänzeltanz

Honigbienen fliegen von Blüte zu Blüte und sammeln Nektar und Pollen ein. Hat eine Honigbiene eine gute Nahrungsquelle, wie nektarreiche Blüten, gefunden, kann sie bei ihrer Rückkehr im Bienenstock den anderen Bienen von dieser Entdeckung berichten. Mit dem **Schwänzeltanz** symbolisiert sie, in welcher **Richtung** sowie in welcher **Entfernung** sich die Nahrungsquelle befindet und wie **nahrhaft** das Futter ist. Andere Honigbienen beobachten den Schwänzeltanz, verstehen die Symbole und können dann direkt zu dieser Nahrungsquelle fliegen. Der Schwänzeltanz besteht aus verschiedenen Phasen, dem **Schwänzellauf** und dem **Rundlauf**. Beim Schwänzellauf krabbelt die Biene vorwärts und wackelt dabei mit ihrem Hinterleib hin und her, sie schwänzelt sozusagen. Am Ende des Schwänzellaufs folgt der Rundlauf. Hierfür macht die Biene eine **Drehung** zum Beispiel nach links und läuft in einem Bogen zum Anfangspunkt ihres Tanzes zurück. Nun folgt wieder ein Schwänzellauf. Bei dem folgenden Rundlauf macht die Biene eine Drehung zur anderen Seite, in diesem Fall nach rechts. Sie tanzt also in einer Form, welche an eine **Acht** erinnert.

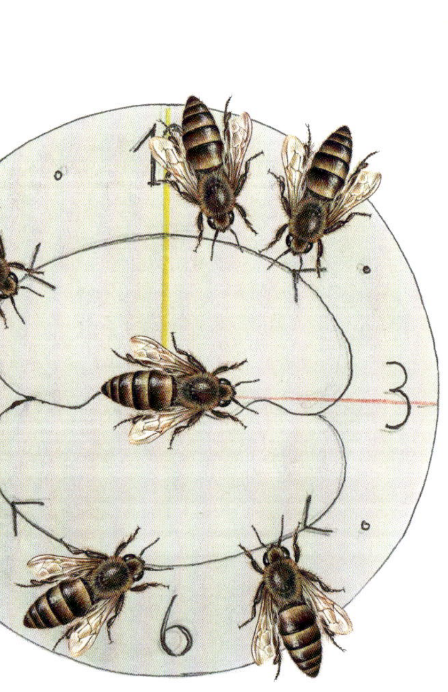

Wie wird die Richtung, in der sich die Nahrungsquelle befindet, also genau kommuniziert?
Die Richtung in der sich die Nahrungsquelle befindet, wird mit der **Position der Sonne** beschrieben. Die Honigbiene macht den Schwänzeltanz meist an einer Wand im Inneren des Bienenstocks. Dort ist die Sonne oder der Himmel nicht zu sehen. Beim Schwänzeltanz wird so getan, als wenn sich die Sonne stets senkrecht nach oben in Richtung der Decke des Bienenstocks befindet. Stelle dir vor, die Biene würde nicht auf einer Wand des Bienenstocks, sondern auf dem Ziffernblatt einer **Wanduhr** den Schwänzeltanz aufführen.

__Honigbienen__ kommunizieren mit dem Schwänzeltanz, wo sich eine Nahrungsquelle befindet. Die Richtung der nahrhaften __Blumen__ ist mit einer rosa Linie und die Richtung der __Sonne__ ist mit einer gelben Linie dargestellt.

Läuft die Honigbiene während des Schwänzellaufs auf die **Zwölf** zu, so befindet sich die Futterquelle in der gleichen Richtung wie die Sonne (obere „Uhr" und oberer Bienenstock).

Läuft sie während des Schwänzellaufs auf die **Sechs** zu, so befindet sich die Futterquelle genau in der gegensätzlichen Richtung wie die Sonne.

Läuft die Biene während des Schwänzellaufs auf die **Drei** zu, so befindet sich die Futterquelle rechts im **rechten Winkel**, also 90 Grad zur Sonne (untere „Uhr" und unterer Bienenstock).

Läuft sie während des Schwänzellaufs auf die **Neun** zu, so befindet sich die Futterquelle links im rechten Winkel zur Sonne.

Wie wird die Entfernung, in der sich die Nahrungsquelle befindet, kommuniziert?
Die Entfernung der Futterquelle wird über die **Dauer** des Schwänzellaufs beschrieben. Dauert der Schwänzellauf eine Sekunde, so befindet sich die Nahrungsquelle in etwa einem **Kilometer** Entfernung. Dauert der Schwänzellauf kürzer, ist die Nahrungsquelle entsprechend näher am Bienenstock. Dauert er länger, ist das Futter entsprechend weiter vom Nest entfernt.

Wie wird die Qualität der Nahrungsquelle kommuniziert?
Nektar mit einem hohen Zuckergehalt gilt für die Bienen als eine Nahrungsquelle mit hoher Qualität. Je höher die Qualität der Nahrungsquelle ist, desto **schneller** ist die Biene beim Rundlauf und desto höher ist die **Anzahl** der Schwänzelläufe bei einem Tanz. Solche „dynamischeren" Schwänzeltänze ziehen mehr Beobachter an. Dadurch suchen und finden im Anschluss auch mehr Honigbienen diese qualitativ hochwertige Futterquelle.

Diese symbolhafte Tanzsprache ist einzigartig im Reich der Insekten und absolut erstaunlich.

Aber wahrscheinlich bist du gerade sehr froh, dass wir Menschen mit Worten kommunizieren können. Stell dir vor, eine Person fragt dich, wo sich der nächste Supermarkt befindet, und du müsstest dieser Person in aller Öffentlichkeit mit einem Popowackeltanz den Weg erklären.

Aufgepasst!

Die Flügel werden neben der Belüftung, die du auf Seite 79 kennengelernt hast, auch zur Kommunikation, also zum Miteinander-Verständigen eingesetzt. Die Honigbienen können mit einer Drüse an ihrem Hinterleib ein Pheromon erzeugen. Dieses Pheromon signalisiert anderen Bienen des Volkes, wo sich der Nesteingang befindet. Dieses Beduften ist sehr wichtig, damit auch alle ins Nest finden, wenn zum Beispiel ein Bienenvolk in ein neues Nest umzieht oder wenn das Nest umgefallen ist oder bewegt wurde. Hierbei schlagen die Bienen mit ihren Flügeln und erzeugen einen kleinen Wind, der über ihren Körper weht. Durch Anheben des Hinterleibs wird das Pheromon von diesem Wind erfasst und verteilt.

Ohne diese Kommunikation mit den Flügeln und den Pheromonen könnten eventuell nicht alle Bienen den richtigen Eingang zum Bienenstock finden. Und das kann nicht nur das Überleben der verloren gegangenen Bienen, sondern auch des ganzen Insektenstaates gefährden.

Substratvibration

Ausgewachsene Vertreter der Ordnung **Steinfliegen** können durch **Substratvibration** kommunizieren. Hierbei erzeugen sie Vibrationen, die sich durch ein Substrat, also einen Untergrund wie zum Beispiel Holz oder Pflanzenteile, ausbreiten. Steinfliegen können **Vibrationssignale** durch Trommeln, Reiben, **Zittern** oder eine Kombination dieser Methoden erzeugen. Beim Zittern wird der Hinterleib oder der gesamte Körper geschüttelt und die dabei entstehenden Schwingungen werden über die Beine auf den festen Untergrund übertragen. Beim Reiben wird der Hinterleib über den Boden geschabt, wodurch eine kontinuierlichere Vibration erzeugt wird. Reiben ist eine Art **„Bauch-Substrat-Stridulation"**.

Die meisten Steinfliegenarten kommunizieren aber durch **Trommeln**. Beim Trommeln klopfen die Steinfliegen mit ihrem Hinterleib auf das Substrat. Wenn diese Vibrationen unter den Füßen anderer Steinfliegen vorbeiziehen, können diese Steinfliegen die Erschütterungen wahrnehmen. Experimente auf hölzernem Untergrund haben gezeigt, dass Steinfliegen diese Vibrationen auch noch in acht Metern Entfernung wahrnehmen können. Sie spüren nicht nur diese Erschütterungen, sondern können auch erkennen, von woher diese Vibrationen kommen, und ihnen zum Absender folgen. So nutzen die Steinfliegen die Vibrationssignale, um **Partner** zu finden und **anzulocken**. Die männlichen und weiblichen Steinfliegen derselben Art senden unterschiedliche Vibrationssignale aus, welche sich zum Beispiel im **Rhythmus** unterscheiden. Die Steinfliegen erkennen aber nicht nur, ob das Vibrationssignal von einem Männchen oder einem Weibchen kommt, sondern auch, ob es sich um einen **Artgenossen** handelt. Die Vibrationssignale sind nämlich von einer Steinfliegenart zur anderen unterschiedlich. Experimente haben gezeigt, dass die Weibchen die Vibrationssignale von Männchen derselben Art gegenüber den Signalen von Männchen anderer Steinfliegenarten deutlich bevorzugen und mit einer höheren Wahrscheinlichkeit darauf mit Vibrationen antworten. Bei manchen Arten entstehen so regelrechte **Duette** zwischen den Paaren.

In Experimenten wurde bewiesen, dass sich bei den Steinfliegen die Schlagfrequenz der Vibrationssignale mit der **Umgebungstemperatur** verändert. In diesen Experimenten wurden Tonaufnahmen von Steinfliegenmännchen abgespielt. Weibliche Steinfliegen antworteten bevorzugt auf Tonaufnahmen von Männchen, welche sich bei ähnlichen Umgebungstemperaturen befanden wie die Weibchen selbst.

***Steinfliegen** der Art **Protonemura gevi** wurden bisher nur in einer bestimmten Höhle in Spanien entdeckt. Vielleicht ist dies der einzige Ort, an dem sie leben. In dieser Höhle gibt es kein Tageslicht und nur die absolute Dunkelheit.*

MENSCH UND INSEKT

Wir Menschen brauchen Insekten! Wie eigentlich immer im Leben besteht auch diese Beziehung aus „Geben und Nehmen". Wir Menschen „nehmen" nur zu gern, aber das „Geben" versuchen wir in dieser Beziehung oft zu vermeiden. Es ist so zwischen Mensch und Insekt: Beziehungsstatus „Es ist kompliziert". Aber keine Sorge, der beste Weg aus einer Beziehungskrise ist, Verständnis füreinander aufzubringen. Und dieses Verständnis bauen wir nun weiter auf. Also viel Spaß mit dem Kapitel „Mensch und Insekt".

Goldfliegenlarven *werden als medizinische Maden eingesetzt, um abgestorbenes Gewebe aus Wunden zu entfernen.*

Medizinische Maden

Chronische **Wunden** und **Geschwüre**, an denen die betroffene Person dauerhaft leidet, sind schwer zu behandeln und heilen nur langsam. Zusätzlich sind diese Wunden und Geschwüre oft mit **Bakterien** infiziert, sodass die Patientinnen und Patienten **Antibiotika** einnehmen müssen. Die Wunden und Geschwüre werden behandelt, indem zum Beispiel das abgestorbene oder entzündete Gewebe aus der Wunde chirurgisch entfernt wird. Dafür können wir Menschen uns aber auch Hilfe von **Fliegenlarven** holen: Die Madentherapie, oder auch Biochirurgie genannt, ist eine Methode, um chronische Wunden und Geschwüre unter Einsatz von Fliegenlarven zu behandeln. Unter streng kontrollierten Bedingungen werden in **Laboren** Fliegenlarven, zum Beispiel **Goldfliegenlarven**, gezüchtet. Die Goldfliegenlarven können dann entweder direkt auf die Wunde gesetzt werden oder indirekt in Gaze oder Mull, also einem dünnen und textilen Gewebe, verpackt auf der Wunde platziert werden. **Verdauungssäfte**, welche die Goldfliegenlarven ausscheiden, verflüssigen das abgestorbene Gewebe und können so von den Larven gefressen werden. Zusammen mit dem abgestorbenen Gewebe fressen die Larven auch die Bakterien mit und machen diese so unschädlich. Dadurch müssen die Patienten und Patientinnen mit weniger Antibiotika behandelt werden. Das hat für sie Vorteile, zum Beispiel können Antibiotika **Nebenwirkungen** wie Durchfall oder allergische Reaktionen verursachen. Des Weiteren kann die **Madentherapie** die Heilung der Geschwüre beschleunigen und auch die Heilungsrate chronischer Wunden verbessern. Vielleicht findest du die Vorstellung von Goldfliegenlarven in einer offenen Wunde äußerst unangenehm, aber ein weiteres Argument für die Madentherapie ist, dass das Risiko einer Amputation, also das Abtrennen des betroffenen Körperteils vom Körper, durch sie gesenkt wird.

Gute Arbeit,
Dr. Larve!

Kommissar Insekt

Goldfliegen gehören zu den ersten Insekten, die bei einer Leiche eintreffen.

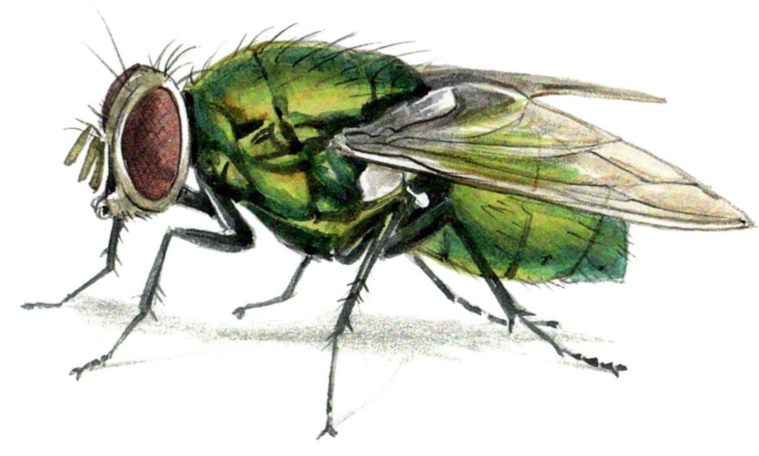

Leider sterben manche Menschen keines natürlichen Todes, sondern werden **Opfer eines Verbrechens.** Darum versucht die **Polizei** stets herauszufinden, ob vielleicht ein Verbrechen geschehen sein könnte. Hierbei können Insekten helfen! In einer wissenschaftlichen Studie wurden 279 Fälle des Instituts für **Rechtsmedizin** des Frankfurter Universitätsklinikums ausgewertet, bei denen Insekten klassifiziert wurden, die in, auf oder bei Leichen entdeckt wurden. Das kann für die Polizei sehr hilfreich sein, weil Insekten zwei wichtige Indizien geben können: **Insekten können etwas über den Todeszeitpunkt der Leiche verraten.** Innerhalb der ersten drei Wochen nach dem Tod eines Menschen lässt sich anhand von Insekten recht genau bestimmen, wann der frühestmögliche **Todeszeitpunkt** war. Bei den ausgewerteten Fällen der Studie wurden bei mehr als der Hälfte unter anderem **Goldfliegen** gefunden. Daher ist das Wissen über den **Lebenszyklus** der Goldfliege sehr wichtig. Die Larven der Goldfliegen ernähren sich von abgestorbenem Gewebe von Tieren und Menschen. Die erwachsenen Goldfliegen gehören zu den ersten Insekten, die nach dem Tod bei der **Leiche** eintreffen. Sie können bereits nach Stunden oder sogar nur Minuten eintreffen. Findet die Polizei nur erwachsene Goldfliegen und Goldfliegeneier auf oder bei einer Leiche, so könnte der Mensch erst seit wenigen Minuten oder Stunden tot sein. Bei einer **Umgebungstemperatur** von 25 Grad Celsius dauert die Entwicklung vom Ei zur erwachsenen Fliege zwölf bis dreizehn Tage. Findet die Polizei Golfliegenlarven, welche sich bereits mehrmals gehäutet haben, oder **Puppen** der Goldfliegen, dann kann diese Person nicht erst seit Stunden tot sein, sondern bereits Tage. Sind sogar leere Puppenhüllen, aus denen bereits erwachsene Fliegen geschlüpft sind, bei der Leiche zu finden, so ist die Person mindestens seit zwölf oder dreizehn Tagen tot, wenn die Umgebungstemperatur in den letzten zwei Wochen 25 Grad Celsius betrug. Jedoch benötigen die Larven mehr Zeit für ihre Entwicklung und bilden daher später Puppen, wenn sie bei kühleren **Temperaturen** aufwachsen.

Aber auch bei längeren **Zeiträumen** kann sich der Todeszeitpunkt mithilfe von Insekten eingrenzen lassen. Goldfliegen sind von April bis Oktober aktiv. Findet die Polizei im Februar eine Leiche, neben der die leeren Puppenhüllen von Goldfliegen liegen, so legt dies den Schluss nahe, dass die Person spätestens im Oktober des vorherigen Jahres verstorben sein muss. Falls eine verdächtige Person behaupten sollte, dass sie das Opfer noch im Dezember getroffen hat, so ist dies äußerst verdächtig!

Insekten können etwas über den Aufenthaltsort der Leiche verraten. Bei den ausgewerteten Fällen wurden den **Stubenfliegen** nur bei Leichen gefunden, die in Innenräumen entdeckt wurden. Wiederum wurden bestimmte andere Insekten, wie **Aaskäfer**, fast nie bei Leichen gefunden, die in Innenräumen gestorben sind. Dies sind wichtige Informationen für die Polizei. Wird eine verstorbene Person im Wald entdeckt, aber es finden sich auch Stubenfliegenpuppen in der Nähe dieser Leiche, dann spricht dies dafür, dass die Leiche nicht schon die ganze Zeit im Wald lag, sondern vielleicht in einer Wohnung verstorben ist und nach einiger Zeit erst in den Wald transportiert wurde. Äußerst mysteriös!

Vielen Dank für Ihre Hilfe, Kommissar Insekt!

Menschenläuse

Tierläuse sind **Parasiten** und befallen Säugetiere und Vögel. Zu den Tierläusen gehören unter anderem die Kleiderlaus und die Kopflaus. Beide sind flügellose, blutsaugende Parasiten und hoch spezialisiert auf ihren **Wirt** – den Menschen.

Kleiderläuse leben zum Beispiel in Falten oder Nähten von Kleidungsstücken und krabbeln nur auf den menschlichen Körper, um eine **Blutmahlzeit** einzunehmen. Dies machen sie etwa fünfmal pro Tag. Ohne einen Menschen als Wirt überleben sie nur wenige Tage. Ihre **Stiche** führen zu Juckreiz und Quaddeln, also kleinen Beulen, auf der Haut. Kleiderläuse können Menschen mit schweren **Infektionskrankheiten** wie Läuserückfallfieber infizieren. Beim Läuserückfallfieber bekommt die infizierte Person immer wieder tagelang andauernde **Fieberschübe**. Zwischen den Fieberschüben ist die Person für mehrere Tage fieberfrei.

Durch körperlichen Kontakt mit einer von Läusen betroffenen Person oder ihrer Kleidung und Bettwäsche können Kleiderläuse von einem auf den anderen Menschen übertragen werden.

Die **Kopfläuse** leben, wie ihr Name es schon vermuten lässt, auf dem menschlichen Kopf. Experimente zeigten, dass Kopfläuse von dem **Geruch** unserer Füße, Arme und des Kopfes angezogen werden. Hatten die Kopfläuse in den Experimenten jedoch die Wahl zwischen dem Geruch von einem Kopf, einem Fuß oder einem Arm, so haben die Kopfläuse den Duft des Kopfes bevorzugt. Ihre Stiche führen auch zu **Juckreiz**. Kopfläuse können von einem Menschen auf den anderen übertragen werden, wenn sich zwei Köpfe berühren.

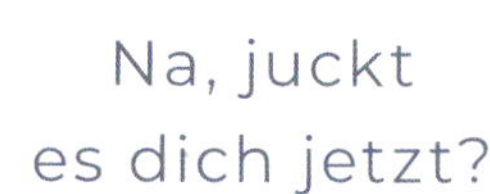
Na, juckt es dich jetzt?

Rattenflöhe und der Schwarze Tod

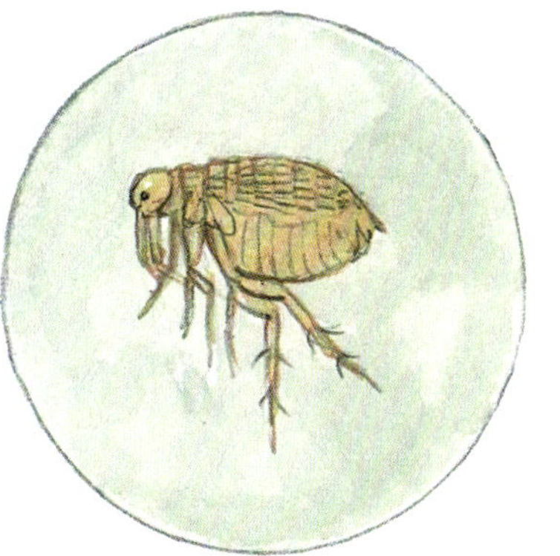

Der **Rattenfloh** gehört zu der Ordnung der Flöhe. Er ist zwar wie alle Flöhe flügellos, aber kann mit seinen kräftigen Hinterbeinen sehr weit **springen**. Der Rattenfloh ist wie die Kopf- und Kleiderlaus auch ein **Parasit** und ernährt sich ebenso vom Blut seines Wirtes. Mit seinen stechenden und saugenden Mundwerkzeugen sticht der Rattenfloh nicht nur **Nagetiere** wie Ratten, sondern auch Menschen und trinkt ihr Blut. Hierbei kann der Rattenfloh das **Pestbakterium** auf seinen Wirt übertragen. Das Pestbakterium kann bei infizierten Menschen die Beulen- oder Lungenpest auslösen. Die Pest, oder auch der **Schwarze Tod** genannt, hat im Mittelalter in Europa gewütet und ein Drittel der damaligen Bevölkerung ausgelöscht. Auch heutzutage gibt es, hauptsächlich in Afrika und Asien, immer wieder Fälle, bei denen sich Menschen mit der Pest anstecken. Aber auch in den USA werden im Durchschnitt jedes Jahr sieben Fälle gemeldet, bei denen sich eine einzelne Person der über 330 Millionen Einwohnerinnen und Einwohner mit der Pest infiziert hat. Wird die Erkrankung früh genug erkannt, können die Erkrankten mit **Antibiotika** geheilt werden. Jedoch starben im Jahr 2015 in den USA vier der 16 gemeldeten Infizierten.

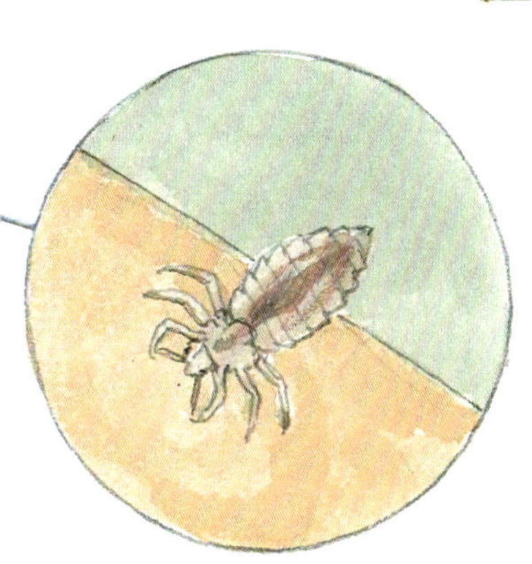

Trinkt der Rattenfloh das Blut einer mit Pestbakterien infizierten Ratte, so nimmt der Floh mit dem Blut auch die Bakterien auf. Die Bakterien können sich im Floh zusammenlagern und den Vorderdarm verstopfen. Zum einen gelangt so kein Blut mehr in den Mitteldarm, und der hungrige Rattenfloh versucht deshalb, immer weiter zu trinken. Zum anderen fließt so das Blut samt Bakterien wieder zurück aus dem Vorderdarm – der Rattenfloh muss quasi **erbrechen**. Versucht der Rattenfloh nun, das Blut eines Menschen zu trinken, so fließt Rattenblut samt Pestbakterien in die **Bissstelle** und der Mensch ist mit Pestbakterien infiziert. Aber mach dir keine Sorgen, ich habe gerade extra noch mal nachgeschaut: Das Robert Koch Institut in Deutschland, das Bundesamt für Gesundheit der Schweiz und das Bundesministerium Soziales, Gesundheit, Pflege und Konsumentenschutz in Österreich melden, dass seit Jahrzehnten keine Person in dem jeweiligen Land mit dem Pestbakterium infiziert wurde.

*Eine **Gelbfiebermücke** (links oben), eine **Malariamücke** (links unten), ein **Rattenfloh** (rechts oben), eine **Kopflaus** (rechts Mitte) und eine **Kleiderlaus** (rechts unten) plagen einen Menschen.*

Wusstest du?

Wahrscheinlich entwickelten sich die Kleiderläuse aus den Kopfläusen, als der **moderne Mensch** begann, regelmäßig Kleidung zu tragen. Untersuchungen des **Erbguts** dieser Läuse ergaben, dass die Kleiderläuse erst vor etwa 72 000 Jahren entstanden sind. In diesem Zeitraum begannen die Menschen wohl, Kleidung zu tragen.

Aufgepasst!

Auch andere Insekten wie die Kleiderläuse, die Gelbfiebermücken oder die Gattung der Malariamücken können Krankheitserreger auf den Menschen übertragen. Jedes Jahr sterben in Afrika über 260 000 Kinder an den Folgen einer Malariaerkrankung. Die Weltgesundheitsorganisation WHO empfahl im Herbst 2021, den weltweit einzigen zugelassenen Malariaimpfstoff „RTS,S" oder auch „Mosquirix" genannt zu nutzen. Dank dieses Impfstoffs könnten jährlich Zehntausende Leben gerettet werden.

Fransenflügler *der Art* ***Thrips palmi*** *ernähren sich von Gemüse und Zierpflanzen. Rotes Licht kann helfen, Thrips palmi von diesen Pflanzen fernzuhalten.*

Staubläuse *der Art* ***Liposcelis entomophila*** *ernähren sich von Weichweizenkörnern und können große Schäden in einem Weichweizenlager anrichten.*

„Ein Insekt isst mein Essen!“

Staubläuse sind in der Regel nur bis zu zehn Millimeter groß. Diese kleinen Insekten können in **Getreidelagern** große Schäden anrichten. In einem Experiment wurden 30 Staubläuse der Art *Liposcelis entomophila* für 90 Tage auf zwei Gramm Weichweizenkörner gesetzt. Bei rissigen Weichweizenkörnern hatten diese Staubläuse leichtes Spiel und **fraßen** besonders viel. Nach 90 Tagen hatten sich die 30 Tiere auf über 780 Staubläuse vermehrt und hatten fast zehn Prozent der Weichweizenkörner aufgefressen. Ein Staublausbefall kann auch dazu führen, dass etwa ein Drittel der Körner später nicht keimen und zu einer Pflanze heranwachsen werden.

Und natürlich können Insekten nicht nur in den Lagern, sondern auch auf den **Feldern** oder in den Gewächshäusern den Ertrag der **Ernte** schmälern.

Vertreter der Ordnung **Fransenflügler** können Schäden an den Pflanzen verursachen, indem sie die essen oder **Krankheitserreger**, wie zum Beispiel Viren, auf die Pflanzen übertragen. Zum Schutz der Ernte oder von Zierpflanzen setzen wir Menschen häufig **Gifte** zur Bekämpfung von Insekten ein. Aber diese Gifte können schlecht für die **Umwelt** und für uns Menschen selbst sein. Viele Forschungsarbeiten zielen darauf ab, Alternativen zu dieser giftigen Schädlingsbekämpfung zu finden. Es wurde herausgefunden, dass die Wahl der Lichtquelle beziehungsweise bestimmter Farben beim **Pflanzenschutz** eine große Rolle spielen. Fallen mit ultraviolettem Licht locken zum Beispiel manche Insekten an. In diesen Fällen werden die Insekten direkt getötet, vergiftet oder kleben fest. Aber wäre es nicht besser, die Insekten nicht erst anzulocken, sondern gleich fernzuhalten? So würden nicht zusätzliche Insekten in ein Gewächshaus gelockt werden, die dann auch sterben müssten.

Tatsächlich haben Forschungen an Fransenflüglern eine einfache und effiziente Methode entdeckt, diese Insekten von Pflanzen fernzuhalten. Die Fransenflüglerart *Thrips palmi* ist ein ernst zu nehmender Schädling von Gemüse und Zierpflanzen in Amerika, Afrika, Asien und Australien. Werden grüne Pflanzen mit rotem **Licht** bestrahlt, wird *Thrips palmi* ferngehalten. In Gewächshäusern können dadurch die Schäden an zum Beispiel Melonen und Auberginen stark reduziert werden. Interessanterweise scheint das rote Licht die Fransenflügler bei der Suche nach den Futterpflanzen zu **irritieren**. Wurden diese Fransenflügler auf die Pflanzen gesetzt, so blieben sie trotz des roten Lichtes dort und fraßen. Wurden sie jedoch nicht direkt auf die Pflanzen, sondern nur in ihre Nähe gesetzt, so fanden deutlich weniger von ihnen die Futterpflanzen unter **Rotlicht-Bestrahlung** als unter normalen Lichtbedingungen.

*Schwärme von **Wüstenheuschrecken** können in kurzer Zeit ganze Felder kahl fressen, aber auch Nahrung für Menschen sein.*

„Ein Insekt ist mein Essen!"

Mehlkäfer sind bis zu 18 Millimeter große Insekten, die sich in unseren Vorratskammern wohlfühlen. Wie ihr Name schon verrät, ernähren sich diese Käfer und ihre Larven von Mehl oder anderen stärkehaltigen Lebensmitteln. Zukünftig könnte man diese Insekten auch aus einem anderen Grund in unseren Vorratskammern finden – nämlich als Essen!

Die Europäische Behörde für Lebensmittelsicherheit hat die Larven des Mehlkäfers als **neuartiges Lebensmittel** geprüft und als sicher für den Menschen bewertet. Dies führte dazu, dass 2021 die Mehlkäferlarven, die auch Mehlwürmer genannt werden, als Lebensmittel in der EU zugelassen wurden. In der Schweiz kann man sogar schon seit 2017 Nahrungsmittel kaufen, welche aus Insekten hergestellt sind. Wir können die Mehlwürmer einfach so essen oder aber zu einem Insektenmehl mahlen, aus dem wir zum Beispiel proteinreiche Nudeln herstellen können. Insekten als Nahrungsmittel sind ein **Energie- und Nährstofflieferant** und können eine gesunde und sinnvolle Alternative zu Fleisch sein. Der essbare Anteil bei Mehlwürmern liegt bei 100 Prozent, wir können also den kompletten Mehlwurm essen. Bei einem Rind liegt der essbare Anteil nur bei 50 Prozent, da wir zum Beispiel Knochen, Hörner und Haut nicht essen.

Ein Nachteil für die Insektenzucht in Mitteleuropa ist jedoch, dass Insekten **Wärme** benötigen, um gut zu wachsen. Bei uns müssen die Insektenzüchter darum viel heizen, damit die Insekten sich auch während der kälteren Monate gut entwickeln. Dadurch ist der **Energieverbrauch** bei der Mehlwurmzucht ähnlich hoch wie bei der Zucht von Schweinen und Rindern, aber sogar höher als bei der Hühnerzucht. Insekten sind aber viel genügsamer als Säugetiere oder Vögel. Der Platzbedarf und der Wasserverbrauch bei der Insektenzucht sind ebenso deutlich geringer.

*Jedes Jahr übersommern **Bogong-Falter** in Höhlen der Australischen Alpen. Bereits vor Zehntausenden von Jahren wussten die australischen Ureinwohner von dieser Reise. Die fett- und proteinreichen Falter waren ein wichtiger Bestandteil ihrer Ernährung.*

Die Vorstellung, ein Insekt zu **essen**, finden die meisten Europäer vielleicht ekelig, aber bei vielen Bewohnern von Asien, Afrika, Mittel- und Südamerika gelten Insekten als wichtiger Bestandteil der Ernährung. Und früher war zumindest in Deutschland und Frankreich die **Maikäfersuppe** ein bekanntes Gericht. Ihr Geschmack soll an Krebssuppe erinnern. Wenn du gerne Krebstiere wie Krabben oder Garnelen isst, könnten dir auch Insekten schmecken.

In Küstennähe waren die Menschen früher auf Nahrung angewiesen, die das Meer ihnen bot. So ist nicht umsonst das Wahrzeichen der friesischen Stadt Varel die bronzene Skulptur der „Krabbenpulerin". Dieses Kunstwerk von Judith von Eßen zeigt eine typische Tätigkeit im Friesland des frühen 20. Jahrhunderts … das Krabbenpulen. Vielleicht steht eines Tages neben der Krabbenpulerin ein Mehlwurmmüller?

Zeitreisende Insekten

Insekten können **Kunstwerke** und **Wissen** über die Vergangenheit zerstören. **Papierfischchen** sind mit den Maindronia verwandt und ähneln ihnen sehr. Sie ernähren sich von Papier. In einem Museum können sie im Laufe der Zeit Gemälde oder Schriftstücke stark beschädigen oder gar zerstören. Die Larven des **Kabinettkäfers** ernähren sich von toten Insekten und können deshalb großen Schaden in den Insektensammlungen von Museen anrichten. Die Säugetiersammlungen werden hingegen durch die Larven des **Braunen Pelzkäfers** und des **Gemeinen Pelzkäfers** bedroht. Fallen hierbei die Überreste von bereits ausgestorbenen Tieren den Insekten zum Opfer, ist der Verlust für die Wissenschaft besonders schmerzhaft.

Aber Insekten können die **Vergangenheit** nicht nur auffuttern, sondern uns auch einen Blick in ebendiese gewähren.

So sind Fossilien ein Fenster in die Vergangenheit.

Sie können uns Gemeinsamkeiten und Unterschiede zwischen ausgestorbenen und heute lebenden Arten zeigen.

Einige Strategien, die du in „Tarnung, Warnung und Täuschung" kennengelernt hast, gibt es tatsächlich schon sehr lange. Die vom **Birkenspanner** und anderen Insekten angewandte Tarnung als Flechten gab es bereits zu Zeiten der **Dinosaurier**. Es wurden 165 Millionen Jahre alte Fossilien von Netzflüglern gefunden. Untersuchungen zeigten, dass die Flügel dieser Netzflügler das Aussehen von Flechten hatten. Andere Fossilien aus dieser Zeit zeigten, dass manche Netzflügler Augenflecken auf ihren Flügeln hatten. Wie auch heute verbesserten diese Strategien die Überlebenschance der Insekten.

In **Fossilien** werden aber manchmal auch ganze Szenen aus der Vergangenheit dargestellt. Die Ordnung **Bodenläuse** besteht aus nur etwa 40 Arten. Bei den meisten Arten der Bodenläuse paaren sich Weibchen und Männchen, indem das männliche Geschlechtsorgan in das Weibchen eingeführt wird. Es wurden eine männliche und eine weibliche Bodenlaus in einem 99 Millionen Jahre alten Bernstein entdeckt, die während der Paarung zum Fossil wurden. Warum wird vermutet, dass die fossilen Bodenläuse sich paaren? Die festgehaltene Szene erinnert sehr an die Paarung noch heute lebender Bodenläuse. Zum Beispiel ist das Paar mit ihren Hinterleibern dicht beieinander und aus dem Hinterleib des Männchens ist das längliche Geschlechtsorgan ausgetreten. Ein sehr langes männliches Geschlechtsorgan ist auch für heute lebende Bodenläuse nicht unüblich. Die in diesem Bernstein festgehaltene Szene zeigt, dass sich die Paarung der Bodenläuse in 99 Millionen Jahren nicht geändert hat. Mithilfe dieser Zeitzeugnisse wird uns immer wieder ein Blick in die Vergangenheit gewährt.

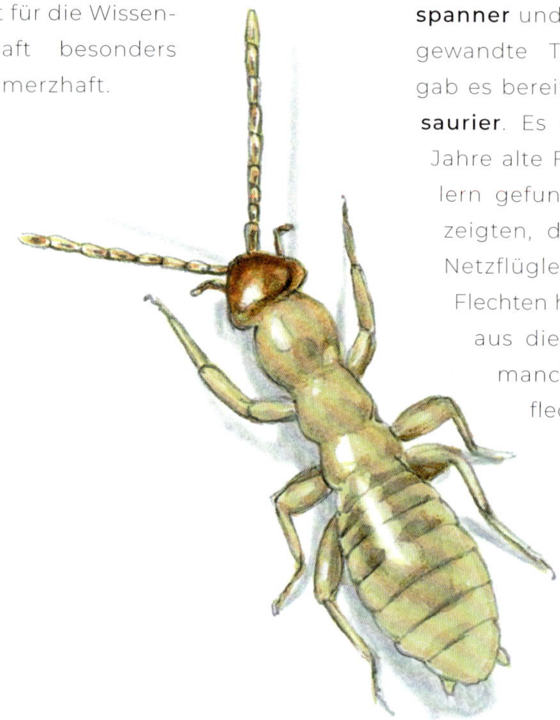

*Bereits zu Zeiten der Dinosaurier war die Paarung der **Bodenläuse** ähnlich der Paarung von heute lebenden Bodenläusen. Gezeigt ist die heute lebende Art **Zorotypus caudelli**.*

INSEKTEN-FORSCHUNG

Die letzten Seiten dieses Buches sind gezählt. „Insektenforschung" ist das letzte Kapitel. Und eigentlich ist Insektenforschung alles, was du in all den vorherigen Kapiteln entdeckt hast. In diesem letzten Kapitel geht es noch mal speziell darum, was wir durch Insekten über uns selbst lernen können oder wie durch diese Forschung unser Leben beeinflusst wird. Viel Spaß auf der letzten Station unserer Reise durch das Reich der Insekten!

Autos, die wie Heuschrecken sehen

Um **Zusammenstöße** zu vermeiden, ist es wichtig, sich nähernde Objekte zu erkennen und ihnen auszuweichen. Dieses Verhalten ist ein **Instinkt**, den wir Menschen von Kindesbeinen an haben. Auch Heuschrecken reagieren auf **sich nähernde Objekte** und versuchen, einen **Zusammenstoß** zu vermeiden. Das ist beim Fliegen in einem großen Schwarm sehr wichtig.

Das wurde mit einem coolen Experiment bewiesen. Darin durften die Heuschrecken Filme schauen. So wurden den Heuschrecken Szenen aus einem Star-Wars-Film gezeigt – währenddessen wurde die Aktivität bestimmter Bereiche ihres Nervensystems aufgezeichnet. Dieser **Star-Wars-Film** wurde ausgewählt, da er viele Szenen enthält, bei denen sich Objekte mit verschiedener Größe und Geschwindigkeiten in unterschiedliche Richtungen bewegen. Bestimmte Bereiche des **Nervensystems** waren besonders während der Filmszenen aktiv, bei der ein Raumschiff direkt auf die Kamera zuflog und scheinbar auf **Kollisionskurs** mit den zuschauenden Heuschrecken war. Diese Bereiche reagierten aber anders auf Objekte, die sich scheinbar von den Zuschauenden entfernten oder sich nicht direkt auf Kollisionskurs befanden. Auch die verschiedenen Geschwindigkeiten und unterschiedlichen Größen der Objekte erzeugten jeweils andere Reaktionen dieser Bereiche des Nervensystems. Dank Experimenten wie diesen verstehen wir Menschen immer mehr, wie **Signale** aus der Umwelt von einem Lebewesen wahrgenommen und diese Informationen im Nervensystem verarbeitet werden und zu Verhaltensänderungen führen. Diese kuriosen Experimente waren der Startschuss für ein geniales Projekt: Verschiedene Forschende arbeiteten dafür mit einem großen schwedischen Autokonzern zusammen. Ihr Ziel war es, das erlangte Wissen darüber, wie Heuschrecken die näher kommenden Objekte erkennen und gleichzeitig Kollisionen vermeiden, auf Autos zu übertragen. Ihre Forschungsergebnisse führten dazu, dass die Autos sich nähernde Objekte erkennen und selbstständig ein Ausweichmanöver einleiten konnten, um eine Kollision zu vermeiden.

Wer hätte das gedacht, dass Star Wars schauende Heuschrecken Menschenleben retten können.

*Auch **Wüstenheuschrecken** können auf sie zukommende Objekte erkennen und ihnen ausweichen.*

Marienkäfer *waren schon im Weltraum.*

Raumfahrtforschung

Wir schreiben das Jahr **1947**, die Vereinigten Staaten von Amerika schicken zum ersten Mal in der Menschheitsgeschichte Lebewesen in den Weltraum: genauer **Taufliegen**.

An Bord einer **V2-Rakete** traten Taufliegen als wichtige Vorreiter die Reise von der Erde ins All an. Experimente mit Insekten im Weltraum liefern Informationen, die für die **Langzeit-Raumfahrt** des Menschen wichtig sind. Ein Vorteil von Insekten als Forschungsteilnehmer ist ihre sehr **kurze Lebensdauer**. So können mit den Experimenten Erkenntnisse darüber gewonnen werden, welche Auswirkungen die Schwerelosigkeit und andere Aspekte der Weltraumumgebung auf den Lebenszyklus, das Immunsystem und das Verhalten haben könnten.

Schwarzbäuchige Taufliegen reisten für fast 13 Tage in einer Höhe von 330 Kilometern in einer Raumfähre im Weltraum. Während ihres Weltraumaufenthalts paarten und vermehrten sich die Taufliegen. Das zeigte, dass im Weltraum aufgezogene Larven deutlich kleiner waren als die Larven auf der Erde. Auch starben viel mehr von ihnen während des **Puppenstadiums**. Das **Immunsystem** der im Weltraum aufgewachsenen Larven war nicht so widerstandsfähig. Der Weltraumaufenthalt hatte somit einige Nachteile.

Alle diese Forschungsergebnisse tragen dazu bei, dass irgendwann einmal auch Menschen während Langzeit-Raumfahrten sicher im Weltraum leben und selbst Kinder bekommen können. Ein anderes spannendes Experiment wurde von Schülerinnen einer chilenischen Mädchenschule entwickelt. Hierfür studierten sie das Verhalten von Blattläusen und Marienkäfern. Blattläuse ernähren sich vom Saft verschiedener Pflanzen. Die befallenen Pflanzen wachsen schlechter, darum nutzen wir Menschen gerne Marienkäfer, um die Blattläuse von unserem Obst und Gemüse fernzuhalten, denn Marienkäfer ernähren sich von Blattläusen. Um einem Marienkäfer zu entkommen, lassen sich Blattläuse einfach von der Pflanze fallen und dank der **Erdanziehungskraft** entfernen sie sich somit schnell von der drohenden Gefahr und fallen in Richtung Erdboden. Dies brachte die Schülerinnen auf eine sehr gute Idee für die **Raumfahrtforschung**. Sie fragten sich, ob Marienkäfer auch in der Schwerelosigkeit bei der **Blattlausjagd** erfolgreich wären. In der Schwerelosigkeit könnten ganz neue Erkenntnisse über das Zusammenspiel von Marienkäfer und Blattlaus gewonnen werden. Diese können uns hier auf der Erde helfen, Marienkäfer besser als Schädlingskontrolle einzusetzen und dadurch weniger chemische **Schädlingsbekämpfung** zu nutzen. Mit dieser genialen Idee konnten die Schülerinnen die **NASA** überzeugen, die das Experiment mit in den Weltraum nahm und durchführte. Das Experiment war ein voller Erfolg! Es zeigte, dass Marienkäfer auch in der Schwerelosigkeit erfolgreich Blattläuse jagen und fressen können.

Reingefallen!

Unsere Augen sehen sehr vieles – und manchmal sogar etwas, was gar nicht da ist! Denn das **menschliche Auge**, oder besser gesagt das Gehirn, lässt sich leicht täuschen. Spannend sind vor allem **optische Täuschungen**, bei denen es so aussieht, als ob sich Teile des Bildes bewegen, obwohl sie dies natürlich nicht tun. Wir Menschen wissen das und trotzdem lassen wir uns täuschen. Warum das so ist, ist noch nicht komplett erforscht, aber Experimente an Insekten liefern diesbezüglich neue Erkenntnisse.

Experimente zeigten, dass **Schwarzbäuchige Taufliegen** auch auf optische Täuschungen hereinfallen wie wir Menschen. Sie nehmen Bewegungen wahr, wo tatsächlich nur ein unbewegliches Bild zu sehen ist. Woher weiß man das? Man kann die Fliegen natürlich nicht fragen, ob sie eine Bewegung sehen oder nicht. Aber die Fliegen zeigen es uns durch ihr **Verhalten**. Wird Taufliegen ein Muster aus zum Beispiel schwarzen und weißen Streifen gezeigt, welches sich nach links um sie herumdreht, dann drehen die Taufliegen sich auch nach links. Sie folgen also mit ihrem Körper der **Bewegungsrichtung** des Musters. In Experimenten wurde um Fliegen herum ein unbewegliches Bild gezeigt. Dieses Bild war eine optische Täuschung und bestand aus einem regelmäßigen Muster aus kleinen Kästchen. Die Kästchen hatten immer den gleichen Farbverlauf, von hell nach dunkel. Das Forschungsteam fand heraus, dass wie bei uns Menschen auch bei Fliegen ein solches Muster die **Illusion einer Bewegung** erzeugt, denn die Fliegen folgten dieser vorgetäuschten Bewegung mit ihrem Körper.

Ein Vorteil von Experimenten mit Taufliegen ist, dass bereits viele Methoden entwickelt wurden, um bestimmte Teile des **Fliegengehirns** zu manipulieren. Dies wurde auch in diesem Fall genutzt. Mittels einer komplizierten Methode wurde das Fliegengehirn so verändert, dass ganz bestimmte Teile **funktionslos** wurden. Diese Teile wurden aber nur dann funktionslos, wenn die **Umgebungstemperatur** erhöht wurde. Wurde die Umgebungstemperatur wieder gesenkt, funktionierten auch die betroffenen Teile des Fliegengehirns wie zuvor. Wurden bei wärmeren Temperaturen bestimmte Teile des Fliegengehirns funktionslos, täuschte das Bild den Fliegen plötzlich eine Bewegung in die gegensätzliche Richtung vor. Und die Fliegen bewegten sich in diese Richtung. Wurden andere Teile des Gehirns funktionslos, täuschte das Bild den Fliegen gar keine Bewegung mehr vor. Und die Fliegen änderten beim Krabbeln ihre Richtung nicht.

Durch diese Experimente konnte festgestellt werden, welche Teile des Fliegengehirns beim **Wahrnehmen** der optischen Täuschung beteiligt sind. Bei den Fliegen werden hierfür Teile benötigt, welche auch für die Erkennung von tatsächlichen Bewegungen wichtig sind. Es gibt Teile des Fliegengehirns, die nur auf **helle Objekte** reagieren, wenn die sich in eine bestimmte Richtung bewegen, also zum Beispiel von links nach rechts. Wiederum andere Teile des Gehirns reagieren nur, wenn sich **dunkle Objekte** in eine bestimmte Richtung bewegen. All dies und noch viele weitere Experimente führten zur Erkenntnis, dass bei Taufliegen die optische Täuschung dadurch verursacht wird, dass die verschiedenen Teile des Gehirns wohl unterschiedlich großen Einfluss auf die **Verarbeitung** der Informationen eines Bildes haben. Bei regelmäßigen Mustern mit Helligkeitsunterschieden führt dieses Ungleichgewicht zu der Vortäuschung einer Bewegung. Es wird vermutet, dass die optische Täuschung beim Menschen auf einem ähnlichen **Mechanismus** beruhen könnte wie bei den Fliegen. Aber ganz genau wissen wir dies noch nicht, denn beim Versuchstier „Mensch" kann nicht einfach ein bestimmter Teil des Gehirns ausgeschaltet werden, um die gleichen Experimente wie an den Fliegen durchzuführen.

Glossar

ANTIBIOTIKA:
Manche Pilze oder Bakterien bilden bestimmte Stoffe, die mikroskopisch kleine Lebewesen, wie zum Beispiel andere Bakterien, abtöten oder zumindest ihre Vermehrung stoppen können. Ein solches Antibiotikum oder mehrere Antibiotika können im Bereich der Medizin als Medikament zur Behandlung bakterieller Infektionskrankheiten eingesetzt werden.

DIFFUSION:
Stelle dir zwei benachbarte Bereiche vor. Ein Bereich hat eine hohe Konzentration und der andere Bereich eine niedrige Konzentration bestimmter Teilchen. Wenn sich die Teilchen frei zwischen den beiden Bereichen bewegen können, wird im Laufe der Zeit die Konzentration dieser Teilchen in beiden Bereichen gleich sein. Da die ungerichtete und zufällige Bewegung dieser Teilchen dazu führt, dass mit einer größeren Wahrscheinlichkeit ein Teilchen von dem Bereich hoher Konzentration in den Bereich mit niedriger Konzentration wandert als umgekehrt. Diese Durchmischung durch die zufällige und ungerichtete Bewegung von Teilchen wird Diffusion genannt.

ERBGUT:
Ob wir angewachsene Ohrläppchen haben oder nicht; unsere Augen- sowie Haarfarbe und noch sehr vieles mehr wird durch unsere Gene bestimmt. Die Gene sind die vererbbaren Informationen, die wir von unseren Eltern bekommen haben und an unsere Nachkommen weitergeben (siehe im Glossar auch „Fortpflanzung") Unsere DNA trägt all diese Gene. Alle Gene zusammen bilden unser Erbgut.

ERDMAGNETFELD:
Das Innere unseres Planeten Erde wird Erdkern genannt und ist metallisch. Der innere Erdkern ist fest und von einem flüssigen äußeren Erdkern umgeben. Der äußere Erdkern verursacht den größten Teil des Erdmagnetfelds. Dieses Magnetfeld umgibt unseren Planeten. In der Arktis befindet sich einer der Magnetpole (magnetischer Südpol) und in der Antarktis befindet sich der andere Magnetpol (magnetischer Nordpol). Magnetisches Material, wie die Nadel eines magnetischen Kompasses, richtet sich nach den Magnetpolen der Erde aus. Der magnetische Nordpol dieses Materials richtet sich zum magnetischen Südpol – also zur Arktis – aus.

FORTPFLANZUNG (SPERMIEN, EIZELLEN UND BEFRUCHTUNG):
Spermien und Eizellen sind Formen von Keimzellen. Keimzellen enthalten das Erbgut (siehe im Glossar auch „Erbgut"). Spermien werden auch als „männliche" Keimzellen und Eizellen als „weibliche" Keimzellen bezeichnet. Wenn ein Spermium mit einer Eizelle verschmilzt, wird dies Befruchtung genannt. Aus der befruchteten Eizelle kann neues Leben entstehen und sich Nachwuchs entwickeln.

GONDWANA:
Gondwana war ein Großkontinent, der vor etwa 600 Millionen Jahren entstand. Gondwana bestand unter anderem aus dem heutigen Südamerika, Afrika, Antarktika, Australien und Teilen Asiens, wie zum Beispiel Arabien. Vor etwa 150 Millionen Jahren begann Gondwana auseinanderzubrechen. Die Landmassen trennten und entfernten sich voneinander. Hierbei näherte sich Afrika Europa an, wodurch die Alpen aufgefaltet wurden.

IMMUNSYSTEM:
Als Immunsystem werden die biologischen Prozesse zusammengefasst, die ein Lebewesen vor einer Krankheit schützen. Dieses Abwehrsystem kann den Körper des Lebewesens vor zum Beispiel eingedrungenen Fremdkörpern, wie einen Holzsplitter, vor Viren und vor Mikroorganismen wie Bakterien schützen. Zum Immunsystem gehören Proteine wie Antikörper. Antikörper sind spezialisiert auf bestimmte Krankheitserreger und binden sich an diese. Dadurch wird unter anderem der Krankheitserreger schneller von Abwehrzellen erkannt. Auch Abwehrzellen gehören zum Immunsystem. Sie werden von den Antikörpern angelockt und können zu den Krankheitserregern wandern. Fresszellen sind Abwehrzellen, die Krankheitserreger in sich aufnehmen und einschließen, also sozusagen „fressen".

KOHLENDIOXID-KONZENTRATION:
Die Luft um uns herum besteht aus einem Gasgemisch. Diese Mischung beinhaltet etwa 78 Prozent Stickstoff (N), 21 Prozent Sauerstoff (O2), 0,9 Prozent Argon (Ar), 0,04 Prozent Kohlendioxid (CO2) und weitere Gase. Wir Menschen und die anderen Tiere

benötigen Sauerstoff zum Leben. In unserem Körper gibt es Mitochondrien, dies sind kleine Kraftwerke, die Sauerstoffe und den Zucker Glukose benötigen, um unseren Körper mit Energie zu versorgen. Am Ende entstehen Wasser und Kohlendioxid. Beim Ausatmen geben wir das Kohlendioxid an unsere Umwelt ab. In einem geschlossenen Raum steigt dadurch nach und nach der Anteil an Kohlendioxid, also die Kohlendioxidkonzentration, in der Luft an. Die erhöhte Kohlendioxidkonzentration kann in einem schlecht gelüfteten Raum dazu führen, dass unsere Gehirnleistung abnimmt.

MILCHSTRASSE:
Die Erde und sieben weitere Planeten kreisen um unsere Sonne. Dies ist ein Planetensystem und wir nennen es „Sonnensystem". Unser Sonnensystem befindet sich in einer Ansammlung von vielen Sonnen und Planetensystemen, also in einer Galaxie, der sogenannten Milchstraße.

MODERNER MENSCH:
Wir Menschen gehören alle zur selben Art: Homo sapiens. Die Art Homo sapiens wird auch als moderner Mensch oder anatomisch moderner Mensch bezeichnet.

MUNDWERKZEUGE:
Die Mundwerkzeuge der Insekten dienen der Nahrungsaufnahme. Dabei unterscheidet sich die Funktionsweise von Art zu Art. Manche Arten besitzen sogenannte „beißende" und andere Arten „saugende" Mundwerkzeuge. Zum Beispiel besitzen Sandlaufkäfer und die Asiatische Riesenhornisse kauende Mundwerkzeuge, aber Schmetterlinge, Skorpionsfliegen und Stechmücken saugende. Mit beißenden kann feste Nahrung abgebissen und zerkleinert und mit saugenden Mundwerkzeugen kann flüssige Nahrung aufgesaugt werden.

NATRONSEE:
Natronseen haben sowohl einen hohen Salzgehalt als auch einen hohen pH-Wert. Deshalb sind sie für viele Tiere kein angenehmer Lebensraum. Das Wasser des amerikanischen Natronsees Mono Lake hat einen dreimal höheren Salzgehalt als das des Pazifischen Ozeans und einen pH-Wert von 10, dies entspricht dem pH-Wert von manchen Seifen. Im Wasser des Mono Lakes leben nur Salzfliegenlarven, Salzgarnelen, Algen und Bakterien.

OBERFLÄCHENSPANNUNG:
Wasser besteht aus Teilchen, welche sich gegenseitig anziehen und abstoßen. Hierdurch halten die Teilchen einen bestimmten Abstand zueinander. Teilchen mitten im Wasser haben überall um sich herum Wasserteilchen. Hier ist das Kräftegleichgewicht zwischen Anziehen und Abstoßen gewahrt. Die Teilchen an der Wasseroberfläche haben aber keine Wasserteilchen über sich. Sie erfahren nur von unten, aber nicht von oben abstoßende Kräfte. Die abstoßenden Kräfte von unten werden durch anziehende Kräfte zu den benachbarten Wasserteilchen in der Wasseroberfläche ausgeglichen. In der Wasseroberfläche wirken dadurch höhere Anziehungskräfte als abstoßende Kräfte. Deshalb ist die oberste Wasserschicht so stabil.

PARASITISMUS, PARASITEN UND WIRT:
Ein sogenannter Parasit ist ein Lebewesen, welches auf Kosten eines in der Regel größeren Lebewesens einer anderen Art lebt, ohne diesen sogenannten Wirt zu töten.

Im Gegensatz zur Symbiose ist beim Parasitismus diese Verbindung nur für den Parasiten von Vorteil, aber nicht für den Wirt. Der Wirt hat Nachteile durch den Parasiten, stirbt aber in der Regel nicht durch ihn. Ebenso wie auf oder in Pflanzen leben Insekten auch auf oder in Tieren. Rattenflöhe leben auf Säugetieren – sie trinken ihr Blut, legen Eier und finden dort Schutz. Sie werden als Ektoparasiten bezeichnet. Aber nicht nur auf Tieren, sondern auch in Tieren leben Insekten. Diese Insekten bezeichnet man als Endoparasiten. Zum Beispiel leben Dasselfliegen in ihrem Wirt und ernähren sich von ihm. Parasitoid ist ein Insekt, welches einen Teil des Lebens als Parasit lebt, aber am Ende den Wirt tötet.

PHEROMONE UND HORMONE:
Pheromone sind sogenannte Botenstoffe, die von einem Lebewesen an die Umwelt abgegeben werden, wo sie dann bei einem anderen Lebewesen derselben Art ein bestimmtes Verhalten hervorrufen. Hormone sind körpereigene Botenstoffe, die in dem Lebewesen, welches diese Botenstoffe produziert, bestimmte Wirkungen hervorrufen. Somatropin

ist zum Beispiel ein Wachstumshormon. Bildet unser Körper wenig Somatropin kann dies zu Kleinwüchsigkeit führen. Bildet unser Körper viel Somatropin kann dies zu Riesenwüchsigkeit führen.

PH-WERT:

Anhand des pH-Wertes kann angegeben werden, wie sauer oder basisch eine Flüssigkeit ist. Die Skala des pH-Werts reicht von pH 0 bis pH 14. Ist der pH-Wert zwischen 0 und 7, so ist die Flüssigkeit sauer. Eine Flüssigkeit ist basisch, wenn ihr pH-Wert zwischen 7 und 14 liegt. Beträgt der pH-Wert genau 7, dann ist die Flüssigkeit neutral.

Unsere Hautoberfläche ist mit pH 5,5 schwach sauer und unser Blut ist mit einem pH-Wert von 7,4 schwach basisch. Obstsäfte sind mit einem pH-Wert im Bereich von 2 bis 4 recht sauer. In diesem Bereich liegt auch der pH-Wert unseres Magensaftes, aber nur wenn wir gut gegessen haben. Nüchtern beträgt der pH-Wert unserer Magensäure pH 1.

RECHTER WINKEL:

Zwei Linien sind rechtwinkelig, wenn sie senkrecht aufeinanderstehen und sich berühren oder schneiden.

STRIDULATION:

Tiere können auf verschiedene Weise miteinander kommunizieren. Zum Beispiel durch die Geräusche, die sie erzeugen, wenn sie ihre Beine, Flügel oder andere Körperteile aneinanderreiben. Diese spezielle Art der Geräusch-Erzeugung nennt man Stridulation.

SÜDSOMMER, SÜDWINTER, NORDSOMMER UND NORDWINTER:

Der Sommer ist die wärmste Jahreszeit. In Deutschland, Schweiz und Österreich ist der Sommer im Juni, Juli und August. Dies ist der Nordsommer, denn diese Länder befinden sich auf der Nordhalbkugel der Erde. Zum Beispiel in Australien sind Dezember, Januar und Februar die wärmsten Monate. Dies ist der Südsommer, denn Australien befindet sich auf der Südhalbkugel. Die kältesten Monate sind der Nordwinter (Dezember, Januar und Februar) beziehungsweise Südwinter (Juni, Juli und August). Die Jahreszeiten gibt es, weil die Erde bei ihrer Drehung um sich selbst leicht geneigt ist. Dadurch befinden sich der Nordpol ein halbes Jahr im sogenannten streifenden Sonnenlicht und der Südpol befindet sich die andere Hälfte des Jahres im streifenden Sonnenlicht.

SYMBIOSE:

Als Symbiose wird das Zusammenleben von Lebewesen, die zu mindestens zwei verschiedenen Arten gehören, bezeichnet, wenn dieses Zusammenleben Vorteile für alle beteiligten Lebewesen bringt.

TRACHEENÖFFNUNG:

Das Tracheensystem der Insekten ist ein Netzwerk vieler kleiner Röhrchen, durch die die Umgebungsluft durch den ganzen Körper der Insekten strömen kann. Die Trachenöffnungen befinden sich auf der Körperoberfläche der Insekten.

WECHSELWARME TIERE UND GLEICHWARME TIERE:

Insekten gehören zu den wechselwarmen Tieren. Ihre Körpertemperatur entspricht der Umgebungstemperatur. Säugetiere wie wir Menschen, aber auch Vögel, gehören zu den gleichwarmen Tieren. Gleichwarme Tiere können ihre Körpertemperatur unabhängig von der Umgebungstemperatur gleich halten. Dadurch sind gleichwarme Tiere unabhängiger vom Wetter, sie können bei tieferen und höheren Temperaturen gleich aktiv sein. Aber das Halten einer konstanten hohen Körpertemperatur ist sehr energieaufwendig.

Natürlich magellan©

Hergestellt in Deutschland
CO_2-Ersparnis durch kurze Lieferwege
Gedruckt auf FSC®-zertifiziertem Papier
Farben auf Pflanzenölbasis
Lösungsmittelfreier Klebstoff

1. Auflage 2023

Texte: Tim-Henning Humberg
Illustrationen: Johann Brandstetter
Umschlaggestaltung: Christian Keller unter der Verwendung
einer Illustration von Johann Brandstetter
Druck: Cuno, Calbe
ISBN 978-3-7348-6034-8

www.magellanverlag.de

Hier kannst du verschiedene Insekten in ihrer Originalgröße entdecken!

0 1 cm 2 cm 3 cm 4 cm 5 cm 6 cm 7 cm 8 cm 9 cm 10 cm 11 cm 12 cm 13 cm 14 cm 15 cm 16 cm 17 cm 18 cm